바르도의 가르침

바르도의 가르침

"내가 이 세상에 태어났을 때 나는 울었고, 내 둘레에 있던 모든 사람들은 기뻐하였다. 내가 이 세상을 떠나갈 때 나는 웃었고 내 둘레의 사람들은 모두 슬피 울고 괴로워하였다."

사람이 태어나고 죽는 것이 무엇인지 깊이 생각하게 해 주는 이 말은 티벳의 큰 스승인 린포체들이 어린 제자들에게 즐겨 들려주는 말이다.

티벳의 불교도인들은 생일잔치를 하지 않는데, 그 까닭은 태어난 날을 기억하는 일보다 죽을 날을 알 수 있도록 수행에 힘써야 한다는 스승들의 가르침 때문이라고 한다.

티벳 사람들이 아니더라도, 불교의 가르침에 비추어 인생을 깊이 들여다 본 사람이라면, 이 세상에 태어나는 것이 그리 즐거워할 일이 아니라는 것을 안다. 이 세상에 태어나게 하는 기운은 거의가 바람직하지 못한 요소, 바로 욕심과 성냄과 어리석음을 바탕으로 한다. 이 세 가지를 다스리지 못한 사람들은 죄업의 씨앗을 뿌리면서 끝없는 윤회를 되풀이할 수밖에 없다.

"태어난 사람은 늙지 않을 수 없고, 늙은 사람은 죽지 않을 수 없고, 죽은 사람은 다시 태어나지 않을 수 없다."고 경전은 가르치신다. 그래서 불교에서는 수행의 근본을, 나고 죽는 윤회에서 벗어나는 '다시 태어나지 않는 공부' 에 둔다.

　삼보에 귀의하여 아미타불의 원력과 가피를 믿고 '나무아미
타불' 을 염불하는 일은 말세를 사는 중생들에게 열려 있는 오
직 하나뿐인 해탈의 길이다. 번뇌가 끝이 없고 죄업이 끝이 없
는 우리 중생들이 이 작은 책을 길잡이로 삼아 아침 저녁으로
염불하고 정진하면, 살아서는 몸과 마음이 편안하고 죽어서는
아미타불의 정토에 태어나 성불하지 않겠는가.

　이 책은 중국과 티벳의 불교책 가운데서 정토신앙의 왕생
해탈법과 밀교의 중음신 해탈법을 정리하여 엮은 것이다.

　우리출판사에서 단행본으로 엮으면서 중국 정토종의 큰스
승 열 분의 삶의 자취를 정리하여 함께 수록하였다.

　참된 불교신앙과 해탈의 길을 찾는 불자들에게 도움이 되기
를 바란다.

　어두운 업에 매여 살아가는 우리들이지만, 부처님의 세계를
그리워하고 또 그리워하면 그 공덕으로 우리도 맑고 향기로운
한 송이 연꽃처럼 그윽하게 한 세상을 살아갈 수 있으리라.

불기 2558(서기 2014) 정월 대보름
대원사 아실암에서 현 장 합장

차 례

죽음은 꿈에서 깨어남이다

의식이 육신을 떠나는 순간 오감의 꿈, 육신의 꿈에서 깨어나 전혀 다른 세계를 체험하게 된다. 꿈속에서 나를 만들고 세상을 만들어 내듯이 영가는 스스로 바르도의 세계를 만들어 내고 그 세계를 경험하게 된다.

육신을 떠나 다음 환생까지 49일간의 중음기를 바르도(BARDO)라고 부른다. 저승세계를 깊이 이해하고 그 길을 바르게 인도해 주는 의식을 49재라고 한다. 초재가 되는 초7일부터 14일까지는 영가 앞에 42분의 불보살들이 차례로 나타난다. 2재가 되는 14일부터 21일까지는 58분의 분노존들이 차례로 영가 앞에 나타난다.

저승세계에서 우리 앞에 나타나는 자비존 42분과 분노존 58분을 한문식 표현으로 바르도의 문무백존이라고 부른다. 저승에서 우리 앞에 나타나는 문무백존은 실재하는 불보살이 아니라 내 마음이 지어내는 환영이다.

자비존 42분은 나의 가슴 챠크라에서 나타나고 분노존 58분은 정수리 챠크라에서 나타난다. 동·서·남·북·중앙의 5방불은 색·수·상·행·식 오온이 정화된 모습이라고 한다. 8대 보살은 8식이 정화된 모습이며 불·보살을 껴안고 있는 명비는 8식의 대상경계가 정화된 모습이다.

불법을 닦는 수행자는 중음의 상태, 바르도의 세계에서 해탈의 기회를 놓치지 말아야 한다. 우리가 살아서 스승을 찾고 불법을 배우는 것은 임종의 순간에 정념을 잃지 않고 바르도의 세계에서 해탈을 구하기 위함이다. 사람의 몸으로 태어나기는 어렵지만 사람의 몸을 잃으면 다시 사람으로 태어나기는 더욱 어렵기 때문이다.

바르도에 대해서

히말라야에서 흘러나온 가장 진귀한 가르침 중의 하나는 놀라울 정도로 상세한 바르도에 대한 가르침일 것이다.

'바르도'란 티베트 어로 '중간상태'라는 뜻인데, 흔히 죽음과 환생 사이에 생겨나는 '중음(中陰)의 상태'를 가리킨다.

깨달은 안목에서 보면 삶과 죽음과 시작도 끝도 없는 흐름의 일부이며, 죽음과 새로운 삶 사이의 바르도 상태도 그 흐름의 일부이다. 바르도 상태의 구체적인 양상과 그때 해탈할 수 있는 비전 등은 티베트 스승들이 깨달음을 통하여 일찍부터 정립하였다.

물론 살아 있을 때에도 바르도, 곧 중음의 상태를 경험할 수 있다. 선정상태에서의 의생신(意生身)을 일으키는 선정중음도 있고, 잠잘 때에 꿈속에서 활동하는 몽중(夢中) 중음도 있기 때문이다.

이 세 가지 중음의 상태에서 일어나는 현상들은 거의 유사하지만, 스승으로부터 바르도에 대한 가르침을 받지 않은 상태에서는 거의 인지하지 못한다고 한다.

이 때문에 티베트에서는 죽는 과정과 죽은 이후의 바르도 상태에서 일어날 일들을 미리 인식하기 위해, 살아 있을 때 스승을 의지하여 상세한 가르침을 받고 끊임없이 마음의 본성을 지각하려고 노력할 뿐 아니라, 잠잘 때와 꿈꿀 때 등의 다양한 국면을 수행에 활용하고 있다.

티베트 사람들은 살아생전에 죽음에 대한 준비를 가장 열심히 하는 민족일 것이다. 그들은 죽을 때 극적으로, 또는 수행자로서 조금도 어긋나지 않게 죽기를 염원한다. 그러므로 살아 있을 때에 '어떻게 죽을 것인가?' 또는 '죽은 후에 어떠한 일들이 일어나는가?' 에 대해 지대한 관심을 가지고 깊이 사유한다.

우리나라에서도 널리 알려진 파드마삼바바의 『티베트 사자의 서』와 같은 저술들이 티베트에서 생겨난 것도 이러한 이유에서이다. 전 세계에 번역되어 서양의 과학문명을 놀라게 했던 이 책은, '죽음 직후부터 다음 생의 몸을 받을 때까지 어떠한 일들이 일어나는가' 를 밝힘과 동시에, '죽어가는 사람을 어떻게 도울 것인지' 를 기록한 경전이다.

『티베트 사자의 서』에서 특히 주목할 만한 것은, 육신을 벗어 버린 중음의 상태에서 구경의 해탈을 얻을 수 있는 가장 좋은 기회를 맞게 된다는 것을 천명하고 있다는 점이다.

쥐덫에 걸려 있던 쥐가 덫에서 풀려나듯, 육신의 굴레를 벗어 버린 영혼은 육신의 옷을 입고 있을 때보다 아홉 배 이상의 힘과 영민함을 발휘한다고 한다. 따라서 살아 있을 때 수행을 통해 그토록 갈망했던 최고의 깨달음을 성취할 수 있는 가장 좋은 기회가 중음의 상태에서 주어진다는 것이다.

종카파 대사를 비롯한 티베트의 많은 성취자들이 '구경의 해탈을 죽음의 순간에 성취했다' 고 전해지고 있는 까닭도 바로 이 때문이다. 그래서 티베트에서는 스승들의 태어난 날은 기념하지 않고 그가 죽은 날, 곧 최후의 깨달음을 얻은 순간을 기념한다.

실로 '바르도 가르침' 의 독특함과 힘은 죽음의 실제 과정을 지극히 명료하게 제시함으로써 해탈의 방편을 구체적으로 보여 주는 데 있다.

그들은 죽어가는 사람에게 일어나는 일과 죽은 이후의 바르도 과정을 다음의 세 단계로 상세히 진술하고 있다.

① 법신 성취를 할 수 있는 광명의 단계
② 보신 성취를 할 수 있는 달마다투(법성에서 광휘의 불꽃이 일어나는 단계)

③ 화신 성취를 할 수 있는 자비로운 모습을 한 불보살님들과
   무서운 모습을 한 본존불, 호법신장들이 나타나는 단계.
   이를 조금 더 자세히 풀이해 보자

법신의 성취

우리 몸을 구성하고 있던 지수화풍(地水火風) 사대(四大)가 쇠락
하여 차례로 섭수된 다음, 어머니에게서 받은 붉은 명점과 아버
지에게서 받은 흰색 명점이 하나로 합쳐지면서 캄캄한 암흑과
함께 외적인 호흡이 끊어진다. 바로 이때 가장 먼저 근원적 광명
인 법신 광명이 나타나게 된다.

생전에 수행을 잘하였거나 스승으로부터 바르도에 대한 가르침
을 받은 사람들은 이 법신 광명을 곧바로 인지하여 해탈을 하게
되지만, 대부분의 사람들은 그 광명을 인지하지 못하고 무의식
상태에 들게 된다.

물론 수행자가 자성 가운데에서 흩어짐 없이 마음을 쉴 수 있는
한 이 광명은 유지되지만, 보통의 경우에는 손가락을 튕길 정도
의 짧은 동안 지속되거나 한 끼 식사를 할 수 있는 동안만큼만
지속된다고 한다.

이 때문에 티베트에서는 성취하신 수행자가 열반에 들게 되면 3
일에서 5일 동안 그대로 선정 상태를 유지할 수 있도록 시신에 손
을 대지 않고 아주 고요한 분위기를 유지한다. 그러다가 시신이
고개를 떨구거나 코에서 액체가 흘러나오면 '의식이 몸에서 떠난
징조'라 하여 그제서야 염을 하고 화장할 준비를 하게 된다.

앞에서 잠깐 소개하였던 독댄 암잠께서 열반에 드실 때 보여 주
었던 면모는 좋은 예가 되고 있다.

내가 캄바카 사원에 있는 동안, 무문관을 지도하시던 독댄 암잠
께서 돌아가셨다. 평생을 고행으로 일관하신 그분의 정진력은

너무나 뛰어났으므로 이 절의 전 대중은 하나같이 신망하고 존경하였다.

팔순이 훨씬 넘은 고령에도 라마들의 시봉을 받지 않고 무문관에서 대중과 똑같은 공양을 받았으며, 무문관 수행을 하는 라마들을 지도하는 일 외에는 묵묵히 불상에 복장을 하거나 정진하고 기도하는 일로 하루를 보내셨다.

심지어 열반에 들기 일주일 전까지도 대중기도에 참석하셨고, 평소와 다름없이 불상 복장도 하셨다. 그러나 암잠의 얼굴에 검은빛이 감돌기 시작하자 온 대중은 돌아가실 날이 머지않았음을 감지하였다. 모두들 마음 속으로 안타까워하였으나, 암잠은 고요히 당신의 죽음을 준비하고 있었다.

새벽녘에 암잠은 구루 암틴을 불러 몇 마디를 이르고는 조용히 숨을 거두었고, 암틴은 그 시간부터 암잠이 법신 광명상태에서 고요히 안주할 수 있도록 곁에서 5일 동안을 지켰다. 그런데 5일이 지나도록 시신에서는 전혀 역겨운 냄새가 나지 않았다.

이윽고 5일이 지나 무문관 법당에서는 기도 소리가 나기 시작하였다. 그리고 암잠을 위한 기도의식이 있던 날, 맑은 하늘에 너무도 선명한 쌍무지개가 나타났다.

다비식날에는 온 대중과 마을 사람들이 암잠의 시신 앞에 마지막 하직인사를 올리며 '카다'를 바쳤고, 다비식은 3시간에 걸쳐 대중 라마들의 기도와 함께 이루어졌다. 그런데 다비 도중 불길 속에서 무언가 튀어나오는 것이었다. 라마는 그것이 장작덩이인 줄 알고 불길 속으로 쓸어넣었다. 그러나 공처럼 부푼 그것은 또다시 밖으로 튀어나왔다.

마침 그 자리에는 티베트에서 소 잡는 일을 하다가 출가한 라마가 있었다. 그는 '심장!'이라고 외쳤다. 암잠의 심장이 타지 않고 그대로 남은 것이다. 이어 라마들은 잿더미 속에서 사리 150

여 과와 혀, 눈 한쪽을 수습하였다.

후에 암잠의 심장과 혀는 무문관 법당에 사리탑을 조성하여 안치하였고, 사리와 유골은 법당 마당 옆에 탑을 조성하여 안치하였다.

깨달은 수행자는 죽음의 순간에 근원적인 광명을 인지하여 법신 성취를 하게 된다. 우리 또한 일생 동안의 수행과 지속적인 정진을 통하여, 스승이 알려 주는 광명의 상태와 본연의 자성광명을 합일시키는 수행을 계속하게 되면, 죽는 순간 그 광명을 인지할 수 있다고 한다.

예를 들면 우리가 뉴욕 공항에 한 번도 만난 적이 없는 누군가를 마중 나갔을 때, 사전에 그 사람의 인상착의를 알거나 사진을 가지고 가면 많은 인파 가운데서도 그를 찾아내고 알아볼 수가 있다. 그러나 사전지식이 없다면 그가 곁에 있다고 할지라도 알아볼 수가 없는 것과 같다.

이와 마찬가지로 가르침을 받아 마음의 본성에 대해 미리 인지하게 되면 나중에 그 본성을 알아볼 수 있는 열쇠를 확보할 수 있게 된다. 하지만 사진이 있다 하더라도 몇 번이고 자세히 보고 익혀두어야 그 사람이 스쳐 지나갈 때 바로 알 수 있듯이, 평소에 꾸준히 수행하여 마음의 본성에 대한 인식을 한층 깊고 확고하게 해두어야만 많은 경계가 일어나는 바르도 상태에서 바로 근원적인 광명을 인지하여 법신 성취를 하게 되는 것이다.

보신의 성취

근원적 광명의 발생은 텅 비어 구름 한 점 없는 동트기 바로 직전의 맑은 하늘에서, 점차적으로 태양이 윤곽을 드러내며 모든 방향으로 광채를 나타내기 시작하는 것과 흡사하다.

이때에 죽은 자의 영혼은 소리, 빛, 색이 흐르면서 내는 진동을 의식함과 동시에, 찬란하게 밝은 빛이 여러 가지 색채로 아른거리며 끊임없이 요동하는 것을 느끼게 된다. 마치 한낮의 땡볕 아래 신기루와 같은 현상들이 끊임없이 움직이는 것을 보게 되는 것이다.

바로 이때, 법성(法性)의 빛에 대한 인식이 있는 수행자에게는 이러한 광휘가 매우 안정되게 일어나게 되고, 이를 활용하여 해탈을 얻을 수 있다고 한다.

티베트불교 닝마파의 대원만 수행 가운데에는 '토갈 수행'이 있다. 이 수행은 법성(法性)의 참뜻과 실제적인 의미를 알려 주고, 이 법성을 인지하고 안정시키는 방법에 중점을 두어 가르치고 있다.

이 수행을 하지 않은 보통 사람들에게는 법성(法性)의 빛이 단지 번쩍거리는 번갯불이나 반딧불에 불과하다고 하며, 때로는 그러한 현상이 일어났는지조차 모르고 지나칠 수도 있다는 것이다. 닝마파에서는 오직 토갈 수행자만이 그러한 찬란한 빛의 현현이 자신의 마음의 본성에서 일어난 것임을 인지할 수 있고, 해탈을 얻어 보신을 성취할 수 있다고 한다.

화신의 성취

법성의 찬란한 빛이 자신의 마음에서 일어난 자성의 빛임을 깨닫지 못하면, 그 다음으로 단순한 빛과 색깔들이 크고 작은 물방울 무늬와 밝은 점으로 나타나다가 하나로 통합되어 합쳐지기 시작한다.

그리고 나서 눈을 멀게 할 정도의 밝고 거대한 광명체 속의 천여 마리의 용이 한꺼번에 포효하는 듯한 소리와 함께 42분의 자비한 불보살님들과 58분의 무시무시한 모습을 한 분노의 불보살님들이 나타난다. 이렇게 바르도 상태에서 나타나는 100명의 자비존과 분노존들을 중국에서는 문무백존(文武百尊)이라고 번역한다.

이러한 문무백존의 출현은 며칠에 걸쳐 계속되는데, 생전의 바르도에 대한 가르침을 통해 문무백존에 대한 인식이 없는 이들에게는 그러한 모습들이 자신을 위협하는 것처럼 보인다. 그래서 더 없는 공포와 두려움 때문에 정신이 혼미하여져서, 우리를 육도윤회의 세계로 인도하는 희미한 빛 속으로 숨어들어 가게 된다.

사실상 문무백존 가운데에 42분의 자비존은 자신의 가슴 차크라에서 긍정적인 상념들이 현현한 모습이고, 58분의 분노존은 자신의 대뇌, 곧 정수리 차크라에서 부정적인 상념들이 현현한 모습이라고 한다.

간략히 설명하자면, 자비존 가운데 아미타불을 위시한 오방불(五方佛)은 우리의 오온(五蘊)이 정화되어 대원경지 등의 다섯 가지 지혜로 현현한 모습이고, 관음보살을 비롯한 팔대보살(八大菩薩)은 팔식(八識)이 정화된 모습이며, 그 배우자인 불모의 모습은 팔식의 대상이 되는 경계[八境]들이 정화되어 나타나는 모습이다.

이와 같이 자비존과 분노존의 모습이 자신의 번뇌와 집착이 정화된 모습이요, 그것이 바로 '내 마음'의 본성인 줄을 알아차리게 되면, 해탈을 이루어 화신 성취를 하게 되는 것이다.

어떻게 사는 것이 가장 잘 사는 것일까? 그 시작을 '웰다잉'으로 준비하는 사람들이 티벳 사람들의 인생관이라고 할 수 있다. 그 웰다잉을 위한 구체적인 가르침이 바르도 중음에 대한 수행법이다.

현장스님께서 쓰신 '바르도의 가르침'의 저서를 통해서 많은 불자들이 중음의 대한 가르침을 알고 웰다잉을 통해서 가장 의미 있는 인생을 설계할 수 있기를 바라면서 제가 따시종사원에서 배운 바르도에 대한 가르침을 서문에 올립니다.

안성 법등사 티벳문화원 설 오 합장

제1장
불교와 다른 종교에서 말하는
구제법의 다른 점

종교의 생명은 자비심이다.

자비심은 중생을 섬기고 보살피는 정신이다.

자신의 믿는 신을 섬기는 이만이

구원을 받을 수 있다는 정신은 바로 그 종교가 갖는

자비의 폭이 좁다는 것을 말해주는 것이다.

신을 섬기지 않거나 신을 모르는 사람, 또 지옥이나

짐승의 세계에서 괴로움을 받는 중생들은

어떻게 구원을 받을 수 있을까?

자비심을 귀히 여기는 이라면 이같이 묻지 않을 수 없다.

"바르도 BARDO"

바르도는 "틈새"라는 티벳 말이다.
죽음에서 환생까지 49일간의 중간계를 말한다.

바르도(BARDO)!

죽음은 꿈에서 깨어남이다.

그것이 바르도의 가장 중요한 의미이다.

그대는 그대가 삶이라고 부르는

긴 꿈을 꾼 것이다.

이제 그 끝이 온 것이다.

얼마 지나지 않아

그대는 또 다른 자궁 속으로

또 다른 꿈속으로

들어가게 될 것이다.

이 두 꿈 사이에

〈바르도 : 죽음과 환생 사이〉

그대가 정신을 차리고

깨어 있을 수 있다면

그대는 죽음을 정복할 것이다.

1. 다른 종교의 구제법

다른 종교란 불교 밖의 종교로, 신(神)을 섬기는 종교를 말한다.

신을 섬기는 종교에는 오직 하나의 신만 섬기는 일신교(一神敎)와 여러 신을 섬긴다는 다신교(多神敎)가 있다. 신을 섬기는 종교의 공통점은 자신이 섬기는 신이 아니면 모두 부정해 버린다는 점이다.

이들은 하나같이 자신들이 믿는 신과 교의를 믿지 않으면 지옥에 떨어진다고 가르친다.

역사상 일어났던 수많은 종교간의 분쟁과 전쟁이 이것을 증명해 주고 있다. 자신의 종교만 옳고 다른 종교는 사악하다는, 신을 섬기는 종교의 가르침은 중생을 구제하기에 앞서 파멸에 빠뜨리기가 일쑤다.

이와 같이 신을 섬기는 종교는 그 가르침이 갖는 한계 때문에 사람을 구하고 돕는다는 생각이 넓지 못하고 구제할 대상도 신을 믿는 이들로 한정될 수밖에 없다. 그런데도 저들은 이러한 구제법이 '신의 뜻'이라 믿기에 '따르는 이는 살 것이요 따르지 않는 이는 죽을 것이다.'는 그릇된 가르침을 불멸의 진리라고 의심없이 받아들인다.

종교의 생명은 자비심이다. 자비심은 중생을 섬기고 보살피는 정신이다. 자신이 믿는 신을 섬기는 이만이 구원을 받을 수 있다는 정신은 바로 그 종교가 갖는 자비의 폭이 좁다는 것을 말해주는 것이다.

신을 섬기지 않거나 신을 모르는 사람, 또 지옥이나 짐승의 세계에서 괴로움을 받는 중생들은 어떻게 구원을 받을 수 있을까? 자비심을 귀히 여기는 이라면 이같이 묻지 않을 수 없다.

2. 불교의 구제법

불교는 신을 섬기는 종교가 아니다. 인과법을 소중하게 여기고 스스로 깨우치는 일을 삶 속에서 이루어내는 길이요, 가르침이 불교다. 물론 불교에서도 신과 천국에 매달리지 않고 사는 것을 더 중요한 가르침으로 여긴다. 삶의 가치를 하나라고 고집할 때 삶을 이어주는 유기관계는 어김없이 깨지고 그 본디 생명력이 시들어 버리기 때문이다.

신을 섬기든 섬기지 않든 그것 자체는 중요하지 않다. 그것을 고집함이 없이 사는 일이 중요하다.

그래서 부처님은 이런저런 신을 섬기는 이들이 가르침을 받으러 찾아왔을 때 삶의 진실을 말씀하셨을 뿐 섬기는 신에 관해서는 말씀하지 않으셨다.

바른 가르침이란 주의(主義)가 아니라 삶의 진실에 눈을 뜨게 하는 일이다..불교에서 말하는 깨달음은 바로 삶의 진실에 눈을 뜨는 일이다. 깨달음이란 덧없음과 무엇이 무엇이 아님을 밝게 몸소 겪는 일이다.

선과 악, 참과 거짓, 신과 사람의 덧없음, 그것이 그것 아님을 밝게 알 때만 끝없는 자비심이 피어난다. 그래서 깨달은 이는 종교나 중생의 모습을 가리지 않고 누구에게나 행복과 기쁨을 공양(供養)하는 것이다. 악마까지도 행복한 존재가 되어야 나도 행복하겠다는 마음은 다른 종교에서 찾아보기 어려운 불교의 독특한 정신이라 하겠다.

신을 섬기는 종교에서 말하는 신과 악마는 선과 악이 맞섬을 상징한다. 그런 종교에서는 또 사람은 죄악에 물든 존재라 규정한다. 신을 믿으면 죄악에서 벗어날 수 있지만 악마를 따르면 영원히 타락한다고 가르친다.

그래서 신을 내세우는 종교에는 인류의 시작부터 악마가 등장한다. 그러지 않으면 인류의 죄악을 설명할 수 없을 뿐더러 전지전능한 신이 왜 완전한 사람을 창조하지 못했나 하는 점을 설명할 수 없기 때문이다.

죄악은 참으로 있는 것이 아니다. 참으로 있는 것이라면 그것에서 벗어날 길이 없다. 죄악은 삶의 현상이요, 삶의 사건이다. 현상과 사건은 참으로 있는 그 무엇이 아니라 예측할 수 없는 변화의 흐름이다. 이 변화의 흐름을 결정짓는 힘을 업(業)이라 하는데 이 가르침에 따르면 우리가 겪는 선악 갈등의 괴로움은 업기운(業氣運)의 맑고 어두움, 가볍고 무거움에 달린 것이지 신이나 악마의 존재와는 관계가 없는 것이다.

아무튼 크게 깨달은 이는 삶의 진실에 들어맞게 살 뿐, 틀 지워진 가르침에 따르지 않는다.

그래서 깨달은 이, 곧 부처님이나 보살들은 꼭 착하고 좋은 모습만으로 악인을 구제하지 않는다. 악인의 모습으로 악인을 제도하기도 하고 심지어는 악인의 모습으로 착한 사람을 제도하기도 한다.

불교는 조직으로 힘을 삼는 종교가 아니라 끝이 없는 자비심으로 힘을 삼는 종교다. 불교는 어떤 종교를 따르는 중생이든, 어떤 모습을 한 중생이든 그들이 괴로움에 빠졌을 때 그 괴로움에서 벗어나게 하고 나아가, 나고 죽는 윤회의 흐름을 길이 쉴 수 있게 도와 주는 가르침이다.

불교는 조직이나 단체를 귀히 여기지 않는다. 삶의 진실에 눈을 뜨고 업의 기운을 바꾸는 일을 중히 여길 뿐이다. 이는 모든 사람이 배울 수 있고 또 마땅히 배워야 할 가르침이다. 이것이 불법(佛法)이다. 우리가 불법을 가벼이 여기면 헤아릴 수 없이 많은 중생들의 괴로움은 더욱 커지고 길어질 것이다.

그러므로 참된 불교인이라면 순간순간 중생의 괴로움을 잊지 말아야 하고 기회를 찾아 인연을 만들어 그들을 이끌면서 죽음의 굴레를 벗어나는 길을 가르쳐 주어야 한다.

그러나 이것은 매우 어려운 일이다. 중생은 업이 무거워 진실성과 조화성을 나몰라라 하는 삶의 방식에 깊이 매달리고 있기 때문이다.

중생을 바르게 제도하려면 너나 가릴 것 없이 그 어떤 보상, 조건, 선입견을 버려야 한다. 중생의 삶을 당장 바꾸어 줄 수 없더라도, 바른 가르침이란 반드시 꽃을 피우기 마련인 죽지 않는 빛과 생명의 씨앗임을 확신해야 한다.

이것이 불교의 구제정신이다. 특히 중음신 구제법은 의식이 아홉 배 맑아져 지난 일을 환히 기억할 수 있는 중유기에 든 중생을 위한 가르침이다.

그런 점에서 보면 그 중요함과 뛰어난 공덕이 말로 다할 수 없는 것이다.

제2장
죽음을 어떻게 인식해야 할 것인가?

중생은 결과만 보고 원인을 알려고 하지 않는다.
그래서 이생의 원인이 내생의 결과가 됨을 알지 못한다.
만약 삶의 진실을 깨달아 인과에 눈을 뜨지 않으면
윤회하는 삶의 괴로움은 태어날 때마다 이어질 것이다.

1. 왜 태어나는가?

죽음은 태어남에서 생긴다. 죽음과 태어남은 윤회하는 삶의 주된 특징으로, 어리석음〔無明〕의 힘을 알맹이로 삼는다.

참으로 우리들의 삶이란, 순식간에 일어났다 사라지는 꿈 속의 생각에 이르기까지 어느 것 하나 무명의 영향을 받지 않는 것이 없다. 이같은 어리석음의 파동이 겹겹이 일어나서 업(業)을 키워나가는 삶이 이뤄지고 있다.

어리석음에서 일어난 업의 생은 컴퓨터의 기억장치처럼 삶의 모든 행동의 뿌리가 되어버린다. 어리석음에서 일어난 업력은 나와 '맞다' 또는 '맞지 않다'는 생각을 만들어내고 이같은 생각을 구체화시키기 위해 몸과 마음을 지어낸다. 그래서 힘살, 뼈, 피 따위를 '나'라는 존재로 인식하게 되고, 앞뒤 안 가리고 이 나를 지키려는 경향을 띠게 된다. 그러므로 해서 '나'라는 존재를 고집하게 되는 것이다.

사람들은 업력에 따라 좋고 나쁨, 아름다움과 미움 따위를 가린다. 그래서 저마다 다른 견해를 갖게 된다.

업력이 같은 사람이 모이면 친근감이 생기고 업력이 다른 사람이 모이면 관계가 성글어진다. 이른바 정신없이 어지러운

'탁(濁)'이 생기는 것이다.

업력은 몸으로써 자기를 한껏 나타내려고 한다. 또 고집된 '나'로 하여금 이득이 될 수 있는 정보와 지식을 얻으려는 한 마음으로 차차 눈, 코, 귀, 혀, 촉각신경과 생각하는 기능 같은 여섯 가지 감각기관을 지어낸다.

이 여섯 가지 감각기관이 형성되면 고집된 가짜 '나'가 활동하기 시작한다. 활동은 먼저 바깥과의 접촉에서 시작된다. 눈으로 보고 귀로 듣는 것과 같이 모든 감각기관이 저마다 그 기능을 수행하기 시작한다.

이같은 바깥과의 접촉은 어머니 배 안에서부터 시작된다. 태교(胎教)의 뿌리가 바로 여기에 있다 하겠다. 접촉에 따라 여러 가지의 느낌이 아주 민감하게 일어나기 때문이다. '나'에게 이득과 편안함을 주는 것이면 즐겁게 받아들이고, 그렇지 않으면 싫어하고 맞선다.

그래서 사람의 성격이 바뀌면 좋아하지 않던 것을 좋아하게 되는데, 이것은 어떤 사물에 좋거나 나쁜 특성이 있어서가 아니라 사물을 대하는 업력의 차이 때문이다. 무엇을 좋아하면 그것을 가지려는 행위로 이어진다. 그것이 소유욕이다.

가지려는 욕심도 소유욕이지만 갖지 않으려는 욕심도 소유욕이다. 중생은 이같은 방식으로 '나'라는 몸뚱이를 끝까지 소유하고 싶어서 가지가지 억지를 부린다. 이것이 중생의 삶인데, 죽음은 이런 삶의 저편에 있는 것으로 두려움과 괴로움을 던져 준다.

2. 왜 죽는가?

중생의 삶이란 무명의 업력이 일으킨 파장이다. 그렇다고 중생의 삶이 업력 하나로만 존재할 수 있다는 말은 아니다. 업력과 더불어 헤아릴 수 없이 많은 조건들이 함께 해야 중생의 삶이 존재할 수 있다.

그래서 사람의 태어남은 참으로 알 수 없는 것이다. 그런 만큼 우리는 스스로의 삶을 소중하게 여겨야 한다.

경전에 "한 번 사람의 몸을 잃으면 천만 겁을 헤맨다."고 했다. 이 말을 새겨 보면 사람으로 태어나기 어려움, 한 번 사람 몸을 잃게 되면 길이 삼악도에 떨어져 헤매게 됨을 알 수 있다.

이것은 모두 사람의 마음 때문으로 스스로를 돌아보지 않고 누구를 죽이거나 삿된 음행, 거짓말, 도둑질을 해서 스스로의 마음을 짐승이나 지옥처럼 만들어, 죽으면 바로 그 업의 힘에 따라 그런 곳에 태어나게 된다. 업력에 따라 받은 몸을 '보신(報身)' 이라 하고 업력에 따라 받은 세계를 '보토(報土)' 라 한다.

태어난 뒤로도 많은 조건들에 따라 업력은 바뀌어 가고 삶을 지탱하는 조건들이 다하면 죽게 된다. 사람마다 업력이 다르기에 목숨도 저마다 다르다. 목숨은 결코 신이 정해 준 것이 아니다. 목숨이 사람마다 다른 것은 '원인이 다르면 결과도 다르다' 는 말씀처럼 아주 마땅한 이치다.

중생은 결과만 보고 원인을 알려고 하지 않는다. 그래서 이생의 원인이 내생의 결과가 됨을 알지 못한다. 만약 삶의 진실을 깨달아 인과에 눈을 뜨지 않으면 윤회하는 삶의 괴로움은 태어날 때마다 이어질 것이다.

중생의 생명은 삼라만상과 마찬가지로 조건의 형성으로 태어나고 조건의 이어짐으로 살아가고 조건의 무너짐으로 시들어가고 조건의 없어짐으로 죽는다. 이것이 이른바 성주괴공(成住壞空), 생주이멸(生住異滅), 생로병사(生老病死)의 변치 않는 네 가지 과정인 것이다.

좋은 조건으로 태어나면 살아가기에도 좋다. 그래서 좋은 인연을 만드는 일이 수행에 필요한 길이 된다.

불법을 알게 되면 태어남과 죽음을 저절로 깨달을 수 있게 된다. 죽지 않는 오직 한 방법은 태어나지 않는 길이다.

죽지 않으려면 반드시 무생(無生 ; 나지 않음)의 경지를 깨달아야 한다. 무생만이 죽지 않는 길이니 영생을 구하는 것은 환상일 뿐이다.

3. 죽음이란 무엇인가?

중생은 저마다 업에 따라 몸과 세계를 받는다. 사람들은 업력과 환경이 비슷하기에 같은 것을 보고 같은 것을 듣는다. 이같은 삶의 조건들이 사라지면 업력도 바뀌고 보고 듣는 세계도 바뀐다.

이처럼 업이 다른 세계로 옮기는 것을 불교에서는 전류(轉

流)라 한다. 현대과학에 빗대어 말하면 업력은 전파와 같다. 같은 세계에 태어난 중생은 한 전파의 영향을 받는다.

그러나 삶의 조건이 사라지면 전파가 바뀌어 세계가 달라진다. 죽은 사람은 이제 더는 있었던 세계를 볼 수 없고 산 사람은 죽은 이의 세계를 볼 수 없다. 이것은 마치 텔레비전 채널 1과 채널 2의 전파가 틀려서 채널에 따라 화면이 달라지는 현상과 같다. 중생은 지난 생의 업력에 따라 새로운 몸과 세계를 받는다. 이같은 진실은 어떤 신의 이름을 불러도 바뀌어지지 않는다.

부처님은 "모든 존재는 자성(자기라고 고집할 만한 성품)이 없어서 저마다 허상일 뿐이다."고 말씀하셨다. 죽음에서 벗어나려면 먼저 태어남과 죽음의 관계를 밝게 알아야 한다.

부처님의 가르침을 알게 되면 죽음이란 결코 두려워할 것이 없다는 것을 알게 된다. 또 평화로운 마음으로 죽음을 맞는 방법을 준비하게 된다.

어떤 사람은 이렇게 말한다.

"죽음이 두렵지 않다면 왜 불교도들은 모두 스스로 목숨을 끊어 삶의 괴로움에서 벗어나지 않는가?"

이런 말은 부처님의 가르침에 매우 어긋나는 말이다. 업력이 끝나지 않았다면 마땅히 과보를 받아야 한다. 과보를 받기 싫어 스스로 목숨을 끊는다면 오히려 나쁜 업을 짓게 되어 다음 생에는 더 많은 괴로움을 받게 된다.

죽음을 맞는 준비란 무엇인가? 생명의 기원과 그 끝을 알아 모든 생명이 다 거쳐가는 과정인 죽음을 두려워하지 않는다는 말이다.

날마다 염불하면 업력이 부처님의 감응을 받아, 죽을 때 윤회가 사라진 정토에 태어날 수 있다. 염불수행을 정성스레 하면 스스로 죽을 날짜를 알 수 있고 병고가 없이 맑은 선정(禪定) 속에서 극락왕생한다. 이것은 죽음에서 벗어날 수 있는 가장 좋은 길이다.

염불과 인연을 맺지 못한 불자나 다른 종교인들은 어떻게 해야 하는가? 이런 이들이 죽음을 맞을 때 스스로를 구제하는 자기 구제법을 다음 장에서 설명하고자 한다. 자기 구제법이란, 비록 나쁜 내생의 길이 나타나도 그 길에 들지 않고 정토에 태어날 수 있는 특별한 법이다.

제3장
네 요소(四大)가 흩어짐

착한 일을 많이 한 이는 아랫몸이 먼저 식고
나쁜 일을 많이 한 이는 윗몸이 먼저 식는다.
마지막으로 식는 곳이 얼굴인 이는 하늘나라에, 심장이면 사람,
배면 굶주린 귀신(아귀), 무릎이면 짐승으로 태어나고,
발이 마지막으로 식으면 지옥에 떨어진다.
그러나 윤회를 벗어난 사람은 온몸의 온도가 식어버리고
다만 머리 위에 따뜻한 기운이 남아 있다.

1. 죽음의 앞뒤

사람은 한 기간의 업보가 끝나면 저절로 죽음을 맞는다. 불법을 수행한 사람이라면 죽음을 맞는 방법을 안다. 그러나 그렇지 않은 사람은 죽음을 맞을 때 큰 괴로움을 느끼게 된다.

재산이 많은 사람은 재산 때문에, 자식이 있는 사람은 자식 때문에 죽음을 두려워한다. 설사 이같은 문제가 없고 걱정 않는 사람일지라도 죽음 앞에서는 큰 두려움을 느끼기 마련이다. 죽음이 무엇인지 바르게 이해를 못하고 있기 때문이다.

죽음이 눈앞에 다가오면 여러 가지 생리변화가 일어나고, 어떤 종교를 믿었는가에 상관없이 스스로의 업력에 따라 가지가지 현상들이 보인다.

살아서 십선(十善)을 베푼 이는 천상의 노래가 들리고 하늘 사람이 이끌어 준다. 또 악을 행한 이는 지옥이나 아귀 모습이 나타나 끝없는 괴로움을 받는다.

이같이 악을 행한 이들은 심한 병고에 시달리게 되는데 이때 불교의 가르침에 따라 그 사람들을 이끌어 주는 이가 없다면 그는 업력에 따라 삼악도에 떨어지게 될 것이다.

큰 선이나 큰 악을 행한 사람이 아니라면 죽을 때 며칠이나 몇 주 동안 앓기도 하고 야차, 맹수, 원혼 같은 괴이한 형상을 보기도 한다. 이것 모두가 스스로의 업력이 불러온 것이다.

이때 너무나도 두려운 나머지 어떤 이는 눈을 감으려 하지 않고 또 어떤 이는 다른 사람과 함께 있으려 하고 어떤 사람은 큰소리로 욕하면서 눈앞의 괴물을 내쫓으려 한다.

그러나 모든 것은 이미 결정되어 있고 네 가지 기운(사대)은 흩어지게 된다.

2. 네 기운이란 무엇인가?

네 기운이란 사람의 몸을 구성하는 요소인 흙, 물, 불, 바람의 네 가지 기운을 말한다. 이 네 가지 요소는 우주법계에 없는 곳이 없기에 크다(大)고 부른다.

사람의 사대는 어머니 뱃속에 들면서부터 어머니 뱃속에서 나오는 사이에 이루어진다. 자라면서 네 기운은 강하고 생명력이 넘치게 된다. 이때 네 기운은 무엇을 판단하는 기능을 지닌 가짜 '나'가 된다.

사람이 죽으면 네 기운이 흩어지고 인식작용도 사라진다. 다만 업력에 따라 또 하나의 생명을 가진 네 기운을 이루어 그 업력의 기능을 수행한다.

죽음을 눈앞에 둔 이는 이 점을 명심해서 네 기운의 덧없는 모습에 속지 말아야 한다.

3. 네 기운이 흩어짐

네 기운으로 뭉친 몸이 흩어질 때 가장 먼저 일어나는 현상은 흙기운이 물기운으로 바뀌는 현상이다. 이때 죽음을 맞는 사람은 둘레의 압력이 아주 세게 몸을 짓눌러 오는 것을 느끼는데, 그 흙기운은 몸의 모든 털구멍 속으로 스며들어 와 내장과 뼈를 짓누른다. 매우 심하게 숨이 막히고 큰 괴로움 속에서도 말을 할 수 없게 된다.

이때 옆에 있는 사람은 죽어가는 사람의 몸이 떨리고 손발에 경련이 오는 것을 볼 수 있다. 그러나 절대 만지거나 주물러서는 안 된다. 이같은 행동은 죽음을 맞는 사람에게 더욱 더 심한 괴로움을 줄 뿐이다.

다음은 물기운이 불기운으로 바뀌는 현상이 나타난다. 이때 몸은 찬 기운이 세게 느껴지고 뼈마디와 내장이 얼어붙는 듯한 괴로움이 하도 심해서 방 안에 난로가 있어도 전혀 도움이 되지 않는다. 이같은 괴로움은 알몸으로 얼음 속에 있는 것보다 더하고 얼굴빛이 잿빛으로 바뀌면서 숨쉬기가 힘들어진다.

다음으로 불기운이 바람기운으로 바뀌는 현상이 나타난다. 이때 죽는 사람은 몸의 기능이 다 되어 저항력이 사라지면서 더욱 심한 괴로움을 느낀다. 갑자기 온몸에 뜨거운 열기가 올라와 불에 타는 듯한 괴로움이 내장과 팔다리에 스며들고 힘살과 힘줄을 도려내는 듯한 괴로움으로 온몸이 나무토막처럼 굳어 버린다. 불에 타는 듯이 얼굴이 붉어지고 정신이 아득해진다. 마시는 숨보다 내쉬는 숨이 길어지다 마침내 숨길이 멈춘다.

마지막으로 바람기운이 흩어진다. 갑자기 심한 바람기운이 죽는 이의 온몸을 몰아치며 몸이 조각조각 먼지로 흩어지는 극심한 괴로움을 겪게 된다.

이쯤이면 네 기운이 흩어지고 힘살이 무너져 의학에서는 죽음으로 본다. 그러나 불교에서는 이런 상태를 제8식이 아직 떠나지 않은 상태이기 때문에 죽음이라 하지 않는다. 이때 친척들은 절대로 죽는 이의 몸을 만져서는 안 된다. 몸을 만지면 죽는 이에게 극심한 괴로움을 주기 때문에 화를 내게 하여 죽는 이가 삼악도에 떨어질 수 있다.

죽음을 맞는 사람은 나쁜 신뿐만 아니라 천신(天神)이 나타나도 따라가지 말고 한마음으로 아미타불을 불러야 한다.

죽음을 맞기 앞서 넉 달이나 한 달, 3주나 이틀 동안이라도 한마음으로 아미타불을 부른 염불행자는 죽을 때 아래와 같은 상서로운 현상을 경험한다.

① 마음이 흔들리지 않고 편안하다.
② 죽을 날짜를 뚜렷이 안다.
③ 온갖 끄달림이 사라진다.
④ 몸을 씻고 새옷으로 갈아입는다.
⑤ 염불하는 마음이 끊어지지 않는다.
⑥ 단정히 앉아 합장한다.
⑦ 평화로운 빛이 온몸을 감싼다.
⑧ 미묘한 향기가 밀려온다.

⑨ 하늘의 음악이 들려온다.

⑩ 지켜보는 이들에게 편안함을 준다.

위의 상서 가운데 두 가지만 나타나도 정토에 태어날 수 있다. 특히 두 번째인, 죽을 날짜를 알 수 있는 상서는 아주 중요하다.

4. 죽을 때의 다른 낌새들

사람이 죽을 때 스스로가 살아온 삶의 습기인 선과 악이 모두 눈앞에 나타난다.

착한 일을 많이 한 이는 아랫몸이 먼저 식고 나쁜 일을 많이 한 이는 윗몸이 먼저 식는다. 마지막으로 식는 곳이 얼굴인 이는 하늘나라에, 심장이면 사람, 배면 굶주린 귀신(아귀), 무릎이면 짐승으로 태어나고, 발이 마지막으로 식으면 지옥에 떨어진다. 그러나 윤회를 벗어난 사람은 온몸의 온도가 식어버리고 다만 머리 위에 따뜻한 기운이 남아 있다.

지옥을 감응할 때 나타나는 낌새

• 사나운 얼굴로 사람들을 쳐다보고, 사랑하는 사람한테도 무서운 얼굴을 한다.

• 공중으로 손을 뻗어 무언가를 잡으려고 한다.

• 다른 사람이 좋은 말을 해도 듣지 못한다.

- 매우 슬프게 운다.
- 똥오줌을 가리지 못한다.
- 눈을 감고 뜰 생각을 하지 않는다.
- 자주 얼굴과 머리를 가린다.
- 옆으로 누워서 가래를 삼킨다.
- 입과 온몸에서 나쁜 냄새를 풍긴다.
- 다리를 몹시 떤다.
- 코가 옆으로 기운다.
- 눈에 핏발이 선다.
- 엎드려 눕는다.
- 몸을 움츠리며 왼쪽으로 눕는다.

아귀를 감응할 때 나타나는 낌새
- 입술을 자주 핥는다.
- 몸이 뜨겁다.
- 목이 마르고 배가 고파 무언가를 먹으려 한다.
- 눈을 뜨면 감을 줄을 모른다.
- 두 눈이 말라 버린다.
- 오줌을 안 누고 똥을 가리지 못한다.
- 오른쪽 무릎이 먼저 차가워진다.
- 오른손으로 자주 주먹을 쥔다.

짐승을 감응할 때 나타나는 낌새

- 남편이나 아내에 대한 미련을 버리지 못하고 자꾸 보고 싶어한다.
- 손가락과 발가락을 움츠리려 한다.
- 온몸에 땀이 흐른다.
- 목소리가 쉬어 버린다.
- 입맛을 계속 다신다.

사람을 감응할 때 나타나는 낌새

- 편안하고 착한 생각이 든다.
- 몸이 아프지 않다.
- 말이 많이 없고 부모 생각을 한다.
- 배우자를 편안한 마음으로 대하고 친척의 이름을 듣기 좋아한다.
- 선악을 가려내고 마음에 흔들림이 없다.
- 마음이 진실되고 거짓말을 하지 않는다.
- 친척과 가족을 알아 본다.
- 친척들이 한 일을 칭찬한다.
- 집안 일을 부탁하고 재산을 터놓는다.

하늘사람을 감응할 때 나타나는 낌새

- 연민심이 생긴다.
- 착한 생각이 든다.

- 기쁜 생각이 든다.
- 밝은 생각이 든다.
- 나쁜 냄새가 나지 않는다.
- 코가 옆으로 기울지 않는다.
- 화내거나 슬퍼하지 않는다.
- 재산과 가족에게 미련이 없다.
- 눈이 맑다.
- 웃는 얼굴을 한다.

제4장
중유기로 들어가는 앞뒤단계

중음신은 일종의 미묘한 네 요소〔四大〕로 이루어진 몸으로,
생전의 아홉 배에 이르는 기억력을 지니고 있고
대부분이 스스로가 죽은 사실을 모르고 있다.
장례를 치르는 친척이 그의 이름을 부르면
그제서야 자신의 죽은 몸 곁으로 와 자신의 죽음을 확인한다.

1. 죽어 다시 태어나는 과정

임종중음(臨終中陰)

죽어 몸과 마음이 흩어져 버리면 신령한 의식인 영식(靈識)
이 중음의 세계로 들어간다. 이때 생긴 신령스런 몸이 바로 중
음신(中陰身)이다.

중음신은 괴로움, 두려움, 허둥댐의 시기를 맞는다. 죽음에
바로 든 이는 해탈할 수 있는 기회를 두 번 갖는다.

첫번째 기회는 죽는 순간 첫번째 빛이 나타날 때이고 두 번
째 기회는 죽은 뒤 빛이 나타날 때다. 중음신이 이때 나타나는
빛을 바르게 가릴 수 있다면 바로 해탈을 얻는다.

실상중음(實相中陰)

(1) 첫 이레

죽은 뒤 사흘 반부터 열흘 반까지를 이른다. 이 시기에 중음
신은 해탈할 수 있는 기회를 일곱 번 갖는다. 그러나 육도에 윤
회할 수 있는 위기도 일곱 번 갖는 셈이 된다.

이 책에서 말하는 가르침을 잘 알아두고 해탈의 빛을 잘 헤
아려 알면 바로 해탈에 이른다.

(2) 두번째 이레

죽은 뒤 열흘 반부터 열이레 반까지 이른다. 이 시기에도 중음신은 해탈할 기회를 일곱 번, 육도윤회할 위기도 일곱 번 맞는다.

이 책에서 말하는 가르침을 잘 알아두고 해탈의 빛을 잘 헤아려 알면 바로 해탈에 이른다.

투생중음(投生中陰)

죽은 뒤 열이레 반부터 49일까지를 이른다.

중음신의 환경이 더없이 나빠져 육도에 태어나 다시 생사윤회의 괴로움을 받게 될 시기다.

이때 중음신은 냉정하게 이 책에서 일러준 가르침을 생각해 내어 스스로를 육도윤회에서 건져내야 한다.

중음신은 어떤 상황 속에 있더라도 또 어떤 모습과 소리가 보이고 들리더라도 온 마음을 다 기울여 아미타부처님께서 정토로 이끌어 주시기까지 한결같이 아미타불을 염불해야 한다.

2. 임종

몸의 네 요소가 흩어지고 제8식이 몸을 떠나면 중유기(中有期)에 이르니 이때의 몸을 중유신(中有身)이나 중음신(中陰身)이라 한다. 이것은 또 하나의 방황기다.

죽을 때 마지막 숨을 내뱉고 들이쉬지 않는다고 온전히 죽은 것은 아니다. 이때 둘레에 있는 사람들은 절대로 울거나 만져서는 안 된다.

이렇듯 죽은 듯한 상태가 얼마나 이어지는가는 죽은 이의 건강상태에 달렸다. 구멍에서 노란 액체가 나오면 죽었다고 할 수 있다.

죽은 이가 아미타불을 염불하게 되면 큰 빛을 볼 수 있다. 이런 빛은 두 번 나타난다. 영식이 몸을 떠나면 혼수상태에 빠지고 사나흘이 지나야 깨어나게 된다.

이것이 바로 중음신이 되는 첫날이다. 그래서 중유기간인 49일은 죽은 그 날이 아닌 사나흘이 지난 뒤부터 계산한다.

3. 중음신의 일반 상황

중음신은 일종의 미묘한 네 요소〔四大〕로 이루어진 몸으로, 생전의 아홉 배에 이르는 기억력을 지니고 있고 대부분이 스스로가 죽은 사실을 모르고 있다. 장례를 치르는 친척이 그의 이름을 부르면 그제서야 자신의 죽은 몸 곁으로 와 자신의 죽음을 확인한다.

어떤 중음신은 거울 앞에서 자신의 모습이 없는 것을 보고 죽었다는 것을 알기도 한다. 이때 중음신은 무척 마음이 상하고, 마음이 상하자마자 큰 괴로움을 느낀다.

중음신은 생전의 몸을 잊지 못해 자주 죽은 몸 곁으로 돌아온다. 그러나 그때마다 타는 듯한 괴로움을 느낄 뿐이다.

중음신은 이렇게 정처없이 헤맨다. 잠시 쉬려고 하지만 중음신은 사람과 달리 목숨이 길지 못하다. 어떤 때는 살아있던 때의 몸이 그리워 집에 돌아가 보지만 몸은 이미 땅 속에 있거나 불에 태워져 사라져 버린 뒤다. 중음신의 괴로움은 더욱 커가고 끝내 중음신은 이같은 괴로움에서 벗어날 길을 찾는다.

이때 중음신이 아미타불을 염불하면 바로 정토에 태어날 수 있다. 그러나 그렇지 못한 중음신은 괴로움에 휩싸이게 되고 구원을 갈망하는 사이에 여섯 가지 빛을 보게 된다.

이 여섯 가지 빛은 육도윤회의 빛으로 자기와 감응이 깊은 세계의 빛이 강하게 느껴진다. 하늘세계는 흰색, 사람은 노랑색, 아수라는 연초록색, 짐승은 연파랑색, 아귀는 연붉은색, 지옥은 검은색 빛이다. 이 빛들은 약한 빛으로 큰 밝음이 없다. 만약 중음신이 이 여섯 가지 빛 가운데 어느 한 빛 속으로 빠져들면 윤회의 굴레를 쓰게 된다.

중음신은 이 빛들이 뜻하는 바를 모르기 때문에 오직 직감과 업력으로 빛을 선택한다. 이때 오방불계(五方佛界)에 계시는 부처님들이 윤회하는 삶들을 건지려고 다섯 가지 빛을 뿌린다.

매우 밝지만 찬란하지 않은 파란빛, 청정한 흰빛, 곱고 부드러운 노랑빛, 고귀한 붉은빛, 맑고 성스러운 풀빛이 그것이다. 중음신이 이 빛에 따르면 바로 정토에 태어난다. 그러나 중음신은 스스로의 업력 때문에 이 빛을 두려워하며 마계(魔界)의 빛으로 잘못 알아 윤회의 길로 빠지고 만다.

이 부처님의 빛은 함께 나타나지 않고 하나씩 나누어서 나타난다.

4. 악업을 받는 김새

짐승

중음신은 보통 이레에 한 번씩 기절하여 다시 깨어난다. 몹시 불안해하고 두려움을 느낀다.

장례식에서 동물이나 집짐승을 죽여 만든 음식으로 대접하면 무서운 형상이 나타나 삼악도로 이끈다. 그러므로 반드시 채식으로 상을 차려야 한다. 그렇지 않으면 죽은 자는 큰 괴로움을 당한다.

중음신의 몸은 아주 가벼운 깃털처럼 바람따라 정처없이 휘날리게 된다. 또 갑자기 맹렬한 빛과 함께 우렁찬 천둥소리가 터지고 손에 흉기를 든 무서운 야차가 끝없이 나타나고 무서운 맹수들이 쫓아오고 산이 무너지는 소리와 함께 큰 불꽃이 쫓아온다.

중음신은 겁에 질려 도망친다. 흰색, 검은색, 붉은색의 바닥이 보이지 않는 높은 낭떠러지에 이른다. 야차와 맹수들은 계속 쫓아온다. 그때 홀연히 동굴이 보여 너무 기쁜 나머지 동굴 속으로 들어간다. 그러나 동굴은 짐승의 세계다. 야차와 맹수와 소리와 불꽃은 생전에 지은 자신의 업력이 일으키는 환영이다.

흰색, 검은색, 붉은색은 업의 세 요소인 세 가지 독〔三毒〕이다. 중음신은 이같은 사실을 알고 흔들림 없이 아미타불을 염불해야 한다.

아귀

아귀의 욕심은 끝이 없다. 아귀의 삶은 '구해도 얻을 수 없음〔求不得〕'으로 줄곧 이어진다. 중음신에게 이같은 악업이 있다면 자신이 아무것도 없는 사막이나 동굴에 홀로 있음을 보게 될 것이다.

아귀에는 많은 종류가 있다. 보통 복덕이 있는 아귀와 복덕이 없는 아귀로 나눈다.

복덕이 있는 아귀를 세력귀(勢力鬼)라 부른다. 세상사람들이 숭배하는 신 가운데는 이 세력귀들이 끼어 있다. 야차, 산신, 토지신이 여기에 속한다. 생전에 보시를 하면서 가난한 이를 도왔으나 바르지 못한 방법으로 재산을 모았거나 남을 속여서 돈을 모은 이들이 세력귀로 태어난다.

복덕이 없는 귀신에는 소아귀(小餓鬼), 다아귀(多餓鬼), 전아귀(全餓鬼)의 세 종류가 있다. 바르지 못한 방법으로 재산을 모으고 남을 위해 베풀지도 않은 이는 소아귀로 태어난다. 소아귀는 얼굴이 검고 말랐고 남색이나 붉은색이다. 눈에 눈물이 흐르고 손발이 부서지고 머리카락이 길어 얼굴을 가리고 있다. 목마름이 심하나 자손이 제사지내는 음식이나 절에서 공양하는 음식만 먹을 수 있다.

다아귀도 소아귀와 비슷하나 소아귀보다 괴로움이 심하다.

전아귀는 완전히 음식을 먹을 수 없다. 입에서 불길이 나와 음식이 입에 닿자마자 타버린다. 거기다 배는 크고 목구멍은 바늘보다 가늘어 배고픔이 극심하다. 우란분회(盂蘭盆會)에서 공양하는 음식만 먹을 수 있다.

만약 중음신이 이런 아귀와 감응할 징조를 느끼면 한마음으로 아미타불을 염불해야 한다.

지옥

중음신이 살아있을 때 아주 나쁜 업을 지었다면 아래와 같은 현상을 보게 된다.

슬픈 음악소리를 들으면서 그 음악소리를 따라가면 검거나 흰돌로 만든 집이나 동굴로 들어서게 되고 깜깜한 지하도를 건너게 된다. 이것은 지옥에 떨어질 징조이니 중음신은 한마음으로 염불해야 한다.

또 어떤 중음신은 추운 비바람 속에서 갑자기 뜨거운 불을 보고 너무나 기쁜 나머지 불이 있는 곳으로 가면 불꽃지옥에 떨어진다. 거꾸로 뜨거운 바람 속에 있다가 시원한 바람을 만나 그 바람 곁으로 가면 얼음지옥에 떨어진다.

이럴 때도 중음신은 한마음으로 아미타불을 불러야 한다.

아수라

아수라는 본디 좋은 세계에 들지만 자주 성내는 마음을 일으
켜 싸우는 것을 좋아하니 아주 좋은 세계라고 볼 수는 없다.

남자 아수라는 하늘사람들과 쉬지 않고 싸움을 하고 여자 아
수라는 아름다운 모습으로 수행자의 수행을 방해한다.

아수라는 비록 괴로움을 받지는 않지만 목숨이 다하면 삼악
도에 떨어질 위험이 많다. 살아있을 때 이기는 것을 좋아하고
지나치게 선악을 가려 낸 중음신은 중유기에 아름다운 숲을 보
게 된다. 또 두 개의 불바퀴가 나란히 도는 것을 보고 좋아서
가까이 가면 아수라로 태어난다. 이럴 때 중음신은 반드시 염
불해야 한다.

5. 선업을 받는 낌새

사 람

《아함경》에 따르면 인간계에는 네 가지 세상, 사대부주(四大
部洲)가 있다. 동승신주, 남섬부주, 서우하주, 북구로주가 그
것이다. 이 가운데 사람이 살고 있는 남섬부주 말고는 불법이
없다.

북구로주는 복과 목숨이 길고 향락에 빠지기 쉬운 곳으로 절
대로 이 곳에 태어나서는 안 된다. 동승신주를 감응한 중음신
은 아름다운 기러기들이 살고 있는 큰 호수를 보게 된다. 이런

경치에 이끌리면 이 곳에 태어난다.

남섬부주에 감응한 중음신은 심한 추위로 피할 곳을 찾게 되는데 업에 따라 큰 집이나 작은 집을 만나게 된다. 만약 벽만 있는 집을 만나게 되면 가난한 이로 태어나게 된다. 이럴 때 한마음으로 염불하면 모든 현상이 사라지게 될 것이다.

서우하주에 감응한 중음신은 소가 풀을 뜯는 호수를 보게 될 것이다. 이 곳에는 여러 가지 즐거움이 많고 오래 살 수 있으나 불법이 없는 곳이니 절대로 따라 들어가면 안 된다.

중음신은 사람으로 태어나기 앞서 남녀가 결합하는 모습을 보게 된다. 이때 아버지를 가까이하는 생각을 일으키면 여자로, 어머니와 가까이하려는 생각을 일으키면 남자로 태어난다. 중음신은 자유로워 시공에 걸림이 없으나 한 번 어머니 배 안에 들어가면 빠져나올 수 없다. 남녀가 결합하는 모습을 보게 된 중음신은 한마음으로 아미타불을 염불해야 한다.

하늘사람

살아있을 때 착한 업을 쌓은 중음신은 중유기에 부드럽고 흰 빛을 보게 되고 기분이 날아갈 듯 편안하다. 하늘세계와 하늘사람들을 보게 되고 마음이 기쁘다. 어떤 이는 죽을 때부터 하늘음악 소리를 듣게 되어 둘레에 모인 사람들에게 슬퍼하지 말라는 말을 하기도 한다.

하늘세계는 여섯 가지 종류가 있다. 저마다 갖가지 즐거움이 넘치고 목숨이 길지만 인연이 다하면 다시 윤회하는 길에 들게 되니, 이같은 하늘세계에 끄달려서는 안 된다.

중음신은 하늘세계나 하늘사람인 천사들을 보면 여기 끌리지 말고 한마음으로 아미타불을 불러야 한다. 그래야 윤회에서 벗어난 정토에 태어날 수 있다.

제5장
49일 동안의 중음신의 감응과
자기구제법

중음신은 가지가지 험한 모습을 한 귀왕들에게 심판을 받고
온갖 무시무시한 형벌을 받을 수도 있다.
이럴 때 중음신은 이 모든 현상이 스스로가 지은 나쁜 업에서 흘러나온
현실임을 알고 《반야심경》의 "모양이 비어 있음이고
비어 있음이 곧 모양이다(色卽是空 空卽是色)." 의 가르침이나
《금강경》 말씀인 "모든 모습을 모습이 아닌 것으로 보면
곧 여래를 보리라(若見諸相非相 卽見如來)." 의
진실한 뜻을 잘 관조해야 한다. 그러면 중음신은 살아있을 때보다
아홉 배 밝은 영성으로 쉽게 그 뜻을 이해할 수 있다.

1. 임종중음(臨終中陰)

죽음을 맞는 이의 숨길이 끊어진 지 스무 시간이나 서른 시간이 되면 죽은 이의 심령은 밝은 빛 속에 있으면서 잠깐이나마 더없는 편안함과 만족을 느낀다.

가족들은 죽은 이의 이런 상태가 깨뜨려지지 않도록 잘 살펴주고 정토염불법을 닦는 벗들이나 스님들을 불러 염불로 중음신의 의식을 더욱 밝혀 주어야 한다.

염불해 주면 중음신은 의식이 어두워지지 않고 바로 눈부신 빛 속에서 해탈에 이를 수 있으니 이것이 중음신이 해탈할 수 있는 첫번째 기회다.

잠깐 동안 밝은 빛이 터졌다 사라지는 경계가 계속 이어지는데 이때 중음신은 스스로가 이미 죽었다는 사실을 알지 못하고 살았을 때처럼 이곳저곳을 돌아다닌다. 그러면서 좋아하던 이들을 보고 그들이 나누는 말을 듣는다. 이때는 무서운 업력에서 나오는 갖가지 환영이 나타나기 전으로, 중음신은 아주 밝은 빛 속에 있다.

만약 중음신이 살아있을 때 이 책의 가르침을 보거나 들었다면 바른 생각을 일으켜 계속 터지는 빛 속에서 해탈할 수 있다.

그러나 친척이나 친구들이 부르거나 그 밖에 무서운 모습들을 보게 되면 이는 중음신을 삼악도로 이끌려는 현상임을 알아야 한다. 또 아름다운 하늘여인이 맞이하려 해도 결코 마음이 흔들려 따라가서는 안 된다. 그렇게 되면 윤회하는 괴롬바다에 빠지게 된다.

살았을 때 움켜쥐었던 그 모든 것들을 다 놓아버려야 한다. 꿈같고 물거품같은 그것들에 끄달리고 그것들을 잊지 못하는 것은 중음신에게 큰 괴로움을 줄 뿐이다. 다 놓아버리지 않으면 끝내 해탈할 수 있는 기회를 잃어버리고 다시 육도윤회에 빠지게 된다.

모든 생각을 다 버리고 아미타부처님께서 정토로 이끌어 주시어 나고 죽는 괴로움에서 건져 주시기를 마음 다해 기원해야 한다.

2. 실상 중음(實相中陰)

살아 있을 때 바른 가르침이나 스승을 만나지 못한 중음신은 중유기에 헤매고 괴로워한다. 죽은 뒤 사나흘부터 다시 깨어난 중음신은 눈, 귀, 혀, 코, 몸, 의식의 기능이 본대대로 살아나 중유기간인 49일 동안 활동한다.

장님이나 벙어리였던 중음신도 이 기간에는 걸림없이 보고 말할 수 있다. 중음신의 몸과 의식은 지극히 섬세하고 맑아 시간과 공간에 걸림이 없다.

중음신은 가족과 벗들이 슬피 울고 외쳐 부르는 소리를 듣는다. 그들은 중음신을 알아보지 못한다. 그래서 중음신은 자신에게 관심을 보여주지 않는 가족과 벗들에게 마음이 상해 자리를 떠난다.

이 단계에서는 업력에서 나오는 여러 가지 환영들이 잠깐씩 나타나기 시작한다. 중음신은 해탈의 기회를 일곱 번, 육도윤회에 빠질 기회를 일곱 번 맞는다. 만약 중음신이 이 책의 가르침을 잘 외우지 못하거나 아미타불을 염불할 수 없어 업력에서 흘러나오는 여러 가지 무서운 현상들에 휘몰려 정신없이 쫓겨다닌다면 지옥, 아귀, 축생의 삼악도 가운데 떨어져 무서운 괴로움을 받게 될 것이다.

중음신은 앞 장에서 말한 일반 현상 말고도 날마다 여러 가지 현상들을 경험하게 된다. 이같은 현상에 휘말려들지 않으려면 그 낱낱 현상들을 미리 알아둘 필요가 있다. 그러면 반드시 나고 죽는 윤회를 벗어날 수 있다.

희락부제존(喜樂部諸尊) 자기제도법

첫 이레 동안 자비로운 모습으로 나투는 여러 불보살을 만남
첫째날 : 중음신은 마치 맑고 푸른 가을하늘처럼 보이는, 온통 파란색의 세계를 본다. 그 파란 세계 한가운데서 비로자

나부처님이 사자좌에 앉아 가슴으로부터 눈이 부신 파란빛을 중음신에게 내린다. 이때 부드럽고 옅은 흰빛도 함께 온다. 중음신은 이 흰빛이 아니라 반드시 파란빛으로 들어가야 한다.

둘째날 : 물기운의 맑고 깨끗한 흰빛이 중음신을 향해 쏟아진다. 이는 금강부의 부처님이 상왕보좌를 타고 중음신을 이끌려고 내리는 빛으로, 부처님 곁에는 지장보살과 미륵보살이 있다. 이때 안개와 같은 검은빛이 함께 오는데 이 빛은 지옥의 빛이니 결코 들어가서는 안 된다.

셋째날 : 흙기운의 눈이 부신 황금빛이 중음신에게 내려온다. 이는 보생여래(寶生如來)가 보마보좌(寶馬寶座)를 타고 중음신을 건지려고 내린 빛으로, 부처님 곁에는 허공장보살과 보현보살이 있다. 이때 옅은 노란색에 파란색을 띤 빛이 함께 내려온다. 이 빛은 사람세계로 이끄는 빛이다. 해탈을 바라는 중음신은 눈부신 황금빛 속으로 들어가야 한다.

넷째날 : 불기운의 붉은 보배광명이 중음신에게 내려온다. 이는 서방극락세계의 아미타부처님이 공작왕(孔雀王)보좌를 타고 중음신을 건지려고 내린 빛으로, 부처님 곁에는 관세음보살과 대세지보살이 있다. 이때 아귀세계로 이끄는 연붉은빛도 함께 내려온다. 결코 붉은 보배광명을 피하면 안

된다. 아귀 세계의 빛은 부드럽지만 욕심이라는 업의 기운에서 나오는 빛이다.

다섯째날 : 바람 기운의 맑고 깨끗한 초록빛이 중음신에게 내려온다. 이는 불공성취불(不空成就佛)이 인신조체수왕(人身鳥體獸王)보좌를 타고 중음신을 건지려고 내린 빛으로, 부처님 곁에는 금강수보살과 제개장보살이 있다. 이때 아수라 세계로 이끄는 어두운 초록빛도 함께 내려온다. 어두운 초록빛은 성내고 샘내는 나쁜 업의 기운에서 나타나는 것이니 절대 이 빛 속으로 들어가서는 안 된다.

여섯째날 : 이 날에는 아직 방황하고 있는 무거운 업의 중음신을 향해 앞에 나타난 다섯 부처님들의 빛이 함께 내려온다. 이 빛은 본디 맑고 깨끗한 스스로의 깨달음의 빛인 참고향이니 중음신은 이 가운데 한 빛을 따라 들어가야 한다. 이때 자신의 업력의 빛인 옅은 빛도 함께 나타난다.
하늘나라는 옅은 흰빛, 사람은 옅은 노란빛, 아수라는 어두운 초록빛, 짐승은 어두운 파란빛, 아귀는 옅은 핏빛, 지옥은 뽀얀 검은빛이다. 이같은 빛들은 깨달음의 빛 속에 섞여 내려온다. 결코 맑고 부신 빛을 피해 약하고 부드럽고 어두운 빛으로 들어가서는 안 된다.
살았을 때 신을 숭배하고 하늘나라에 태어나기를 소망했던 중음신은 그런 소망을 비워야 한다. 만약 비우지 않고 하늘나라로 가는 흰빛을 따르면 나고 죽는 윤회가 끝없이 이어질 것이다.

일곱째날 : 엿새 동안의 기회를 다 놓친 중음신은 다시 이렛날을 맞게 된다. 이 날은 오부존자(五部尊者)가 동·서·남·북·중앙에서 오른손으로는 항복수인(降伏手印)을 지으면서 보배칼을 높이 들고 왼손에는 피가 담긴 해골을 들고 흥겹게 춤추며 중음신에게 빛을 내린다. 이때 짐승의 길로 이끄는 짙은 파란빛이 내려온다.

존자가 내려주는 빛 속에는 천 배로 증폭된 천둥소리가 들린다. 중음신은 결코 두려워하면서 짙은 파란빛으로 들어서서는 안 된다. 존자들이 내려주는 지혜의 빛은 본래 스스로의 본디 광명에서 오는 것이고 축생도의 빛은 어리석은 업력에서 나온 빛이다. 한마음으로 아미타불을 부르면 정토에 태어난다.

분노부제존(忿怒部諸尊)의 자기구제법

둘째 이레 동안 성낸 모습을 짓는 불보살을 만나게 됨

자비의 모습으로 인도받지 못한 중음신은 분노의 모습을 통해 이끌림을 받게 된다. 악한 업을 지은 중음신은 분노하는 모습을 보면 오히려 친근감이 일어나 고향에 돌아온 느낌을 받기 때문이다.

불보살은 중생의 악한 성품을 잘 알고 있기에 가지가지 성내는 모습을 나투어 그 중생을 제도한다. 이것은 중생을 괴로움에서 건지려는 불보살의 자비이자 스스로의 깨달음의 성품이 스스로를 회복하려는 자연스런 움직임이다.

이때 중음신은 이런 현상이 불보살의 자비이고 스스로의 의식이 지어낸 현상임을 알아 겁내거나 달아나서는 안 된다.

이와 같은 제도법을 한 번 보게 되면 의식이 아홉 배나 맑아진 중유기에서 바르고 두려움 없이 윤회를 벗어날 수 있다. 이것은 이 중유기에서 자기를 제도할 수 있는 오직 한 가지 방법이니, 어떤 종교를 믿든 다른 방법으로는 자기를 구할 수 없다.

여드렛날 : 피를 빨아 먹는 성난 모습의 존자가 나타난다. 짙은 홍갈색의 몸을 하고 얼굴 셋에 손이 여섯이고 발은 넷이다. 오른쪽 얼굴은 흰색, 왼쪽 얼굴은 붉은색, 가운데 얼굴은 흑갈색으로 온몸이 불꽃에 휩싸여 있고 아홉 개의 눈으로 빛을 쏘아내고 있다. 날카로운 이빨과 눈썹에서는 번개와 같은 빛을 내고 산이 무너지는 큰소리로 '아라하, 하하!' 하고 소리친다. 이는 비로자나부처님께서 중음신을 건져주려고 나타낸 모습이다. 절대로 겁내지 말고 한마음으로 염불하면 정토에 태어난다.

아흐렛날 : 금강부의 피를 빨아 먹는 성난 모습의 존자가 나

타난다. 짙은 파란색으로 얼굴 셋에 팔 여섯, 발이 넷이다. 오른쪽 얼굴은 흰빛, 왼쪽 얼굴은 붉은빛, 가운데 얼굴은 파란빛이다. 이는 자신의 업식에 따라 감응해 나타난 금강보살의 화현으로, 귀의하면 정토에 태어난다.

열흘날 : 보부(寶部)의 피를 빨아 먹는 성난 모습의 존자가 나타난다. 짙은 황색으로 얼굴 셋에 팔이 여섯, 발이 넷이다. 오른쪽 얼굴은 흰빛, 왼쪽 얼굴은 붉은빛, 가운데 얼굴은 노란빛이다. 이는 자신의 업식에 따라 감응해 나타난 보생여래(寶生如來)의 화신으로, 귀의하면 정토에 태어난다.

열하룻날 : 연화부의 피를 빨아 먹는 성난 모습의 존자가 나타난다. 짙은 녹색으로 얼굴 셋에 팔 여섯, 발이 넷이다. 오른쪽 얼굴은 흰빛, 왼쪽 얼굴은 파란빛, 가운데 얼굴은 붉은빛이다. 이는 자신의 업력에 따라 감응해 나타난 아미타불의 화신으로, 귀의하면 정토에 태어난다.

열이튿날 : 갈마부의 성난 모습의 존자가 나타난다. 짙은 녹색으로 얼굴 셋, 팔 여섯에 발이 넷이다. 오른쪽 얼굴은 흰빛, 왼쪽 얼굴은 파란빛, 가운데 얼굴은 풀빛이다.
이 또한 자신의 업에 따라 감응해 나타난 불공성취불(不空成就佛)의 화신으로, 귀의하면 정토에 태어난다.

열사흗날 : 이때는 중음신의 업력에서 나오는 집착으로 허깨비 같은 경계에서 벗어나지 못해 아주 위험하다. 이때는 동·서·남·북, 그리고 그 사이와 위, 아래의 팔방(八方)에서 무서운 얼굴을 한 분노존의 모습들이 나타난다. 이는 중음신의 업에서 일어난 환상이니 절대로 겁먹거나 달아나지 말고 한마음으로 귀의하면 정토에 태어난다.

열나흗날 : 이날도 중음신 스스로의 업에서 나타난, 화내는 존자와 이십팔여신이류존자(二十八女神異類尊者)들이 보인다. 그 모습은 아래와 같다.

(가) 동쪽

　　㉠ 짙은 붉은 색의 소머리와 방패, 해골을 들고 있다.

　　㉡ 황홍색의 뱀머리와 연꽃을 들고 있다.

　　㉢ 검은 초록색의 표범머리와 삼지창을 들고 있다.

　　㉣ 검은 원숭이머리와 굴레를 들고 있다.

　　㉤ 붉은 곰머리와 짧은 창을 들고 있다.

　　㉥ 흰곰머리와 쇠줄을 들고 있다.

(나) 남쪽

　　㉠ 노란색 박쥐머리와 칼을 들고 있다.

　　㉡ 붉은 사자머리와 향로를 들고 있다.

　　㉢ 붉은 전갈머리와 연꽃을 들고 있다.

　　㉣ 흰 독수리머리와 방패를 들고 있다.

ⓜ 검은 녹색의 여우머리와 곤봉을 들고 있다.

　ⓑ 검은 황색의 호랑이머리와 해골그릇을 들고 있다.

(다) 서쪽

　ⓐ 검은 녹색의 독수리머리와 짧은 곤봉을 들고 있다.

　ⓛ 붉은색 말머리와 팔다리가 없는 송장을 들고 있다.

　ⓒ 흰 독수리머리와 곤봉을 들고 있다.

　ⓒ 노란 개머리와 방패, 칼을 들고 있다.

　ⓜ 붉고 목이 길면서 부리가 굽은 새머리와 활을 들고
　　있다.

　ⓑ 녹색 사슴머리와 보배 솥을 들고 있다.

(라) 북쪽

　ⓐ 파란색 늑대머리와 작은 깃발을 들고 있다.

　ⓛ 붉고 굽은 뿔을 한 산양머리와 앞이 날카로운 곤봉을
　　들고 있다.

　ⓒ 검은 멧돼지 머리와 이빨로 이어진 고리를 들고 있다.

　ⓒ 붉은 까마귀머리와 아이 송장을 들고 있다.

　ⓜ 검녹색의 코끼리머리와 송장, 해골을 들고 있다.

　ⓑ 파란색 뱀머리와 긴 줄을 들고 있다.

(마) 바깥 쪽에 있는 네 문

　ⓐ 동문 : 검은 꾀꼬리머리와 쇠고리를 들고 있다.

　ⓛ 남문 : 노란 산양머리와 밧줄을 들고 있다.

　ⓒ 서문 : 붉은 사자머리와 쇠줄을 들고 있다.

　ⓒ 북문 : 녹색 뱀머리와 종을 들고 있다.

이같은 진노존자(瞋怒尊者)들은 모두 자비심에서 나타난 모습이니 겁내지 말고 잘 가려내어 한마음으로 염불하면 바로 정토에 태어날 것이다.

만약 중음신이 49일 동안에도 정토에 태어나지 못하고 헤매게 되면 온갖 마귀 임금들이 흉악하고 난폭한 모습으로 중음신을 잡아먹으려 할 것이다.

이럴 때도 중음신은 절대로 겁내지 말고 염불, 발원하면 정토에 태어난다.

3. 투생중음(投生中陰)

투생중음과 심판

투생중음이란 다시 태어나는 과정에 든 중음신을 말한다.

중음신이 만약 지은 악업에 걸려 두렵고 무서움의 괴로움을 받으면서 죽은 지 열이레 반이 지나도록 정토에 태어나지 못하면 더욱 처참하고 괴롭고 무서운 경계를 만나게 된다.

악업을 지은 중음신은 무섭게 불어대는 업의 바람에 날리고, 끝없는 암흑 속에서 끊임없이 터져나오는 "죽여라! 죽여라!" 하는 소리를 듣게 된다.

산 목숨을 즐겨 죽인 중음신은 나찰에게 잡아 먹히거나 무서운 맹수들에게 쫓기거나 추위, 뜨거움, 큰물, 눈조각, 암흑, 거친 바람, 무너지는 산, 하늘까지 타오르는 불길, 살을 에는 칼

바람 같은 것들을 끊임없이 만난다.

중음신은 줄곧 무섭고 두려움에 쫓겨 스스로의 욕심, 성냄, 어리석음이 만들어낸 붉은빛, 흰빛, 검은빛의 낭떠러지를 만나게 된다. 이때 중음신이 받는 괴로움은 말로 다할 수 없고 그 처참하기가 그보다 더할 수 없다. 생각은 재처럼 죽고 뜻은 얼음처럼 차가워져서 춥지 않은데도 심하게 떤다.

이에 중음신은 자신이 머물던 몸을 찾지만 그 몸은 이미 죽어 얼었거나 썩었거나 아니면 화장되었거나 땅에 묻혀 있는 것을 보고는, 큰 바위틈에 짓눌리는 것 같이 말할 수 없는 큰 괴로움을 받는다.

이때 육도로 이끄는 빛이 중음신을 비추는데 만약 중음신이 몸을 바라는 마음을 버리지 않으면 스스로가 지은 업에 따라 여러 갈래 빛 가운데 어느 한 빛 속으로 들어가 끝없는 육도윤회의 괴로움을 받게 된다.

이때 중음신은 미친 듯이 휘몰아치는 사나운 사람을 만나기도 하고, 칠흑같은 어두운 안개 속에서 사람을 잡아먹는 나찰의 무리들이 하늘 가득 타오르는 불꽃을 보기도 하고, 큰 산이 무너져내리는 소리를 듣기도 한다. 또 성난 바다가 덮쳐오는 듯한 소리를 듣기도 하고, 길을 가로막는 희고 붉고 검은 세 개의 큰 낭떠러지를 만나기도 한다.

중음신이 두려워하거나 놀라서 숨을 곳을 찾으면 가지가지 짐승의 몸으로 태어나게 됨을 반드시 기억해야 한다.

꼭 알아두어야 할 것은 저 두렵고 무서운 중음의 상황들이란 실재하지 않는 허깨비로, 놀라거나 무서워할 필요가 없다는 것이다. 그리고 온 마음을 기울여 아미타불을 부르면 한생각 사이 금빛 몸의 아미타부처님께서 백호로 눈부신 빛을 비추시며 바로 눈앞에 나타나 정토로 이끌어 주신다는 사실을 잊지 말 것이다.

중음신은 가지가지 험한 모습을 한 귀왕들에게 심판을 받고 온갖 무시무시한 형벌을 받을 수도 있다. 이럴 때 중음신은 이 모든 현상이 스스로가 지은 나쁜 업에서 흘러나온 현실임을 알고 《반야심경》의 "모양이 비어 있음이고 비어 있음이 곧 모양이다(色卽是空 空卽是色)."의 가르침이나 《금강경》 말씀인 "모든 모습을 모습이 아닌 것으로 보면 곧 여래를 보리라(若見 諸相非相 卽見如來)."의 진실한 뜻을 잘 관조해야 한다. 그러면 중음신은 살아있을 때보다 아홉 배 밝은 영성으로 쉽게 그 뜻을 이해할 수 있다.

만약 그래도 진실한 뜻이 밝혀지지 않으면 모든 두려운 모습들에 눈을 팔지 말고, 다만 아미타불만을 지극하게 부르면 험한 중음계를 벗어나 정토에 태어난다.

만약 중음신이 남녀가 음행하는 모습을 보거든 냉정함을 잃지 말고, 절대로 사랑하거나 미워하거나 샘내는 마음을 일으켜서는 안 된다. 만에 하나 이런 마음을 내면 바로 윤회하는 아기집 속에 들어가 짐승의 몸을 받아도 스스로 알 길이 없다.

그러니 이럴 때 중음신은 결코 탐애, 성냄, 교만, 시기심을 일으켜서는 안 되고 평정을 잃지 말고 오직 염불하는 마음만을 이어가야 한다.

만약 이같은 노력이 잘 이루어지지 않아 모든 경계가 실재가 아님을 깨닫기 어려우면 음행하는 남녀를 관세음보살의 화현으로 보고 공경하는 마음을 일으켜 한마음 한뜻으로 예배하면 모든 욕심이 사라져 아기집 안에 들어가지 않는다.

또 지극한 마음으로 아미타불을 부르면 거룩한 모습의 아미타부처님께서 눈앞에 나타나 어느 새 정토로 이끌어 주신다.

윤회하는 아기집에 들어가지 않는 길

희락부의 오방부처님의 빛과 분노제존의 빛은 중음신 스스로의 본디 생명의 빛이다.

그 빛을 받고도 지어놓은 나쁜 업력에 이끌려 그것을 알아보지도 못하고, 또 바른 생각으로 아미타불을 염불하지 않아 해탈의 길로 나아갈 수 없다면 중음신은 더더욱 험하고 위험한 투생중음의 단계로 접어든다.

투생중음기의 중음신은 스스로의 선악업력의 감응에 따라 자신의 존재가 위로 올라가거나 아래로 떨어지거나 옆으로 옮아가는 느낌이 든다. 뒤이어 폭풍, 찬바람, 우박, 진눈깨비, 암흑이 펼쳐지는 상황을 만나거나 누군가 뒤쫓아오는 느낌을 받는다.

좋은 업을 쌓지 못한 중음신은 괴로운 경계를 피해 도망다니기 바쁘고 좋은 업을 쌓은 중음신은 아주 편안한 느낌을 갖는다.

중음신은 스스로의 업에 따라 다시 태어날 몸을 받는데 이

때 중음신을 이끄는 빛이 나타나기 마련이다. 중음신이 한번 이 빛 가운데 들어서면 다시 윤회하는 삶인 육도의 아기집 속에 빠져들게 된다.

투생중음기에 모든 사악한 생각을 버리고 참되고 맑은 생각을 일으키면 바로 육도윤회의 길에 떨어진다. 만약 음행하는 남녀를 보면 흔들림이 없도록 해야 되고 결코 마음이 움직여 탐애심을 일으켜서는 안 된다. 이런 모습을 보면 자신의 생명의 어머니인 관세음보살이 화현하신 모습이라 여기고 절하고 예배하는 것이 가장 좋다. 이렇게 하면 아기집의 문이 저절로 닫힌다.

만약 중음신이 아주 무거운 업력 때문에 위에서 말한 방법으로도 여전히 아기집의 문이 닫히지 않아 이미 아기집 속에 들어갔음을 알게 되었다면 다음과 같은 방법으로 다시 아기집을 벗어날 수 있다.

아기집에 들어갈 때 스스로의 경계가 실재하는 것이 아니고 허깨비임을 관찰하고 거짓을 참으로 삼는 집착을 깨뜨리고 한 마음으로 아미타불을 부르면 아기집을 벗어나 해탈에 이른다.

중음신은 앞에 펼쳐지는 현상들을 이렇게 밝게 보아야 한다.

"아! 부모여, 함께 몸을 섞는 모습이여, 검은 빗줄기여, 거친 바람이여, 간장을 찢어발기는 날카로운 소리여, 울부짖는 귀신의 외마디여, 모두가 덧없어 참으로 있는 것이 없구나. 그것이 어떤 모습이든 그것이 어떤 소리든 그것은 마치 물거품처럼, 거울 속의 그림자처럼 참으로 있는 것이 아니구나. 그것은 다만 나의 업식에서 일어난 모습과 소리인 것을…….

이제 다시 내가 그것들과 함께 어우러진다면 무슨 이익이 있겠는가. 나의 업식도 본디 덧없는 것인데 하물며 그것이 지어낸 모습과 소리겠는가.

이같은 진실을 모르고 거짓을 참으로 삼고 없는 것을 있는 것으로 여겨 끝없는 윤회의 강물에 휩쓸려 지금에 이르렀으니 아! 윤회여, 이제는 사라지거라, 물거품같은 윤회여."

이렇게 관조하면 어느 새 큰 평화로움이 밀려오고 중음신은 태어남이 없는 고요함 속에 더없이 맑고 밝아져 윤회하는 아기집을 영원히 떠나게 된다.

거듭 말하지만 중음기에는 살아 있을 때보다 영성의 힘이 아홉 배나 밝으니, 이 힘을 한껏 활용해야 한다.

만약 그렇지 못하다면 투생중음신은 난생, 태생, 습생, 화생 가운데 어느 하나로 태어나게 된다. 얼씨(정자)와 알씨(난자)가 서로 만나는 순간 중음신은 큰 쾌락을 느끼며 이 쾌락 속에서 의식을 잃고 알이나 태 속에서 몸을 받고 태어나 두 눈을 뜬 뒤에야 자신이 돼지, 소, 개, 염소 또는 사람임을 알게 된다. 또는 육도에 윤회하는 몸을 받아 갖가지 괴로움을 받는다.

거꾸로, 지금 살아서 닦는 수행은 중음기보다 아홉 배나 어려운 수행이라 볼 수 있다. 그러기에 이생에 닦는 수행이 아무리 작다 하더라도 중음기에 미치는 영향은 참으로 큰 것이다.

만약 근기가 낮고 업장이 무거운 데다 한량없는 옛 생부터 지어온 나쁜 버릇으로 모든 해탈법문이 도움이 되지 않는 중음신은 제4장에서 밝힌, 투생중음이 맞는 여섯 가지 세계를 잘 가리고 나아갈 길을 바르게 잡아 마지막 해탈의 기회로 삼아야 한다.

제6장
제8식과 중음신

아미타불의 자비원력이란 무엇인가?
그것은 8식의 본디 모습인 아미타불의 세계를
청정한 마음〔淸淨一念〕으로 불러 정토에 태어나게 한 뒤
그 근기에 따라 저도 모르게 8식에 녹아 있는 삼독번뇌를
남김없이 없애주는 위없는 방편(方便)을 말한다.
이것은 중생이 윤회하는 삶을 뛰어넘을 수 있는
가장 간단하고 힘있는 실천법이다.

1. 식(識)의 감응

중유기에 경험하는 여러 가지 현상들은 그 뿌리가 어디에 있는가?

그것은 전능한 신이 만들어낸 것도 아니고 스스로 있는 것도 아니다. 모두가 스스로의 의식인 제8식(第八識)이 지어낸 현상들이다. 어찌 중유기의 현상들 뿐이겠는가. 태어남, 죽음, 윤회, 괴로움, 즐거움 같은 삶의 현상들도 다 마찬가지다.

제8식은 주관과 객관이 함께 어우러지고 있는 삶의 마당인데 갈무리한 삶의 모든 내용과 그 기능이라는 쪽에서 아뢰야식이라고도 부른다.

아주 강력한 탐욕의 기운으로 살아가고 있는 중생의 아뢰야식은 끝없는 망상 속에서 자기를 본떠 만들어서 몸과 환경을 지어나가는데 그 과정이란 참으로 이해하기 어려운 것이다.

아뢰야식의 특징은 놀라운 갈무리 능력이다. 보고, 듣고, 느끼고, 생각하고, 말하고, 판단하고, 저지르는 모든 삶의 경험들을 컴퓨터와 같이 고스란히 갈무리한다.

이렇게 갈무리한 낱낱의 삶의 경험들을 종자, 곧 씨앗이라고 부른다. 물론 이때 말하는 씨앗의 개념은 수행에 따라 전혀 다른 내용으로 바꾸어질 수 있다.

그리고 아뢰야식은 이러한 씨앗과 씨앗 사이에서 일어나는 알 수 없는 유기적 생명활동이라는 점에서 콩씨, 팥씨나 컴퓨터의 기억내용과는 다르다.

중생이 수많은 삶을 살면서 얻은 삶의 경향은 모두가 욕심, 성냄, 어리석음, 잘난 체함, 삿된 의심같은 번뇌에서 온 것이다. 번뇌가 없다면 윤회의 괴로움도 없다. 그래서 불교에서는 삶을 윤회로 이끄는 뒤집힌 삶의 경향을 업(業)이라 한다. 중생은 이같은 업으로 스스로의 삶의 마당인 제8식을 삼고 있는 것이다.

8식은 새로운 생명활동을 결정짓는 힘이다. 죽을 때는 마지막으로 떠나고 다시 태어날 때는 먼저 들어가 생명형성의 조건을 결정짓는 힘을 갖고 있다.

8식에서 터져나오는 삶의 현상들을 실재하는 것으로 인식할 때 삶은 걷잡을 수 없는 혼란 속에 빠진다.

중유기에도 마찬가지다. 8식에서 나타나는 여러 가지 환상들을 바르게 읽지 못하면 윤회의 굴레에 빠지게 된다. 창조신을 숭배하고 삶과 죽음까지도 창조신의 조화로 여기는 행위도 8식에 대한 이해가 없기 때문이라 하겠다. 이처럼 중유기에 든 중생이 8식의 감응을 바르게 아는 일은 아주 중요하다.

8식에서 일으키는 선악의 생각에 따라 중음신은 천당이나 지옥같은 가지가지 세계를 지어낸다. 그러나 이렇게 지어낸 세계는 좋든 나쁘든 영원하지 않다. 지어낸 세계에 따라 그 기간이 길거나 짧은 차이는 있지만 이것은 모두 8식의 조건에 따라 나타나는 과보로, 8식의 조건이 바뀌면 지어낸 세계도 바뀌기 마련이기 때문이다. 신을 섬기면 신의 세계가 나타나고 욕심을 섬기면 욕심의 세계가 나타난다.

중생의 어리석음은 이같이 잠시 일어났다 사라지는 8식의 현상들을 진짜 존재하는 것으로 여기는 데 있다. 제8식 아뢰야식이 무엇인지 바르게 아는 일이야말로 세계를 있는 그대로 보는 여실관(如實觀)이고 어리석음에서 깨달음으로 가는 첫걸음이다.

2. 염불법문(念佛法文)의 감응

불법(佛法)을 믿지 않는 이들은 염불법문의 오묘함을 알지 못한다.

중생은 시작이 없는 옛날부터 스스로의 삶을 굴려온 어그러진 8식의 힘을 한꺼번에 없애버리기가 어렵다. 그래서 아미타 부처님께서는 끝없는 자비원력을 일으켜 중생들로 하여금 건너기 힘든 윤회의 강을 쉽게 뛰어넘게 하신다.

아미타불의 자비원력이란 무엇인가? 그것은 8식의 본디 모습인 아미타불의 세계를 청정한 마음[淸淨一念]으로 불러 정토에 태어나게 한 뒤 그 근기에 따라 저도 모르게 8식에 녹아있는 삼독번뇌를 남김없이 없애주는 위없는 방편(方便)을 말한다. 이것은 중생이 윤회하는 삶을 뛰어넘을 수 있는 가장 간단하고 힘있는 실천법이다.

사람이건 앵무새건 원숭이건 지극한 한마음으로 '나무아미타불'을 부르면 그는 반드시 정토에 태어나 윤회하는 삶에서 벗어날 수 있다. '나무아미타불'은 신비한 암호와도 같아서 아무리 어렵고 복잡한 괴로움일지라도 쉽게 벗어날 수 있게 해 준다. 업장이 무거운 중생일수록 염불해야 하는 까닭이 여기에 있다.

불교에는 여러 가지 종파가 있고 종파에 따라 독특한 가르침이 있다. 가르침은 저마다 뛰어나고 훌륭하다. 그러나 염불법문 밖의 가르침들은 그것을 잘 이해하고 실천하려면 많은 생을 두고 닦은 숙세(宿世)의 근기가 있어야 한다.

더구나 오늘날과 같이 중생의 성품이 흐리고 생활이 복잡한 시대에는 섣불리 마음내키는 대로 아무 수행법이나 실천해서는 안 된다. 그것은 어리석고 위험스런 일이다.

오직 한마음으로 아미타불을 부르면 왕생할 수 있다는 가르침은 《아미타경》을 비롯해 《무량수경》·《관무량수경》·《법화경》·《화엄경》·《능엄경》·《대집경》·《대운경》·《반주경》 같은 많은 경전에서 쉽게 찾아볼 수 있다. 또 문수보살, 대세지보살, 관세음보살들도 염불하기를 발원했고 마명스님, 용수스님, 혜원스님, 천태스님, 원효스님, 서산스님, 감산스님 같은, 불문의 수많은 용상대덕(龍象大德)들이 염불법문을 수행했다.

염불법문은 불법의 큰 줄기다. 선종(禪宗)에는 돈(頓)·점

(漸) 두 파가 있는데 돈파(頓派)에서는 근기에 따라 문득 깨달아 불법의 모든 것을 이루게 하고 점파(漸派)에서는 점차로 수행을 닦아 본성을 되찾게 하는 가르침을 편다. 염불법문은 돈·점의 수행공덕을 함께 이루어 준다.

또 꾸준히 염불하면 스스로 죽을 날을 알게 되어 가족이나 이웃들에게 죽음을 맞는 법을 몸으로 가르치고 보여 주어서 그 사람들이 죽음을 준비하는 공부를 하게 하는 큰 공덕을 지을 수 있다.

어떤 이는 죽음에 거의 다다라 좋은 스승을 만나서 염불수행을 하다 바로 정토에 태어나기도 하니, 이것은 돈파에서 말하는 견성성불이 아니겠는가. 더구나 참선수행은 마념(魔念)의 침해를 쉽게 받지만 정토수행에는 그럴 위험이 거의 없다.

밀종(密宗)의 수행은 만트라를 수지하는 수행법이지만 그저 만트라를 외운다고 해서 효력이 생기는 것은 아니다. 밀법수행도 숙세의 근기가 있어야 한다. 끈기있게 애써 수지한다면 이룰 수도 있지만 죽음을 잘 맞을 수 있다는 보장이 없다. 죽을 때 무거운 업장 때문에 자칫 정념(正念)을 잃어 만트라를 수지하지 못한다면 다시 윤회 속에 빠지고 만다.

염불법문은 말법시대에 맞는 수행법이다. '아미타불', 이 염불은 만트라 가운데 만트라로서 한 번 불러도 왕생하고 열 번 불러도 왕생한다.

그래서 목련존자는 이렇게 말했다.

"염불법문처럼 쉽고 간단한 법문을 수행하지 않고 다른 수행법을 실천하는 것은 마치 장님이나 귀머거리와 같다."

염불법문은 너무나 간단하다. 그저 딴 생각 없는 간절한 마음으로 부지런히 아미타불을 부르기만 하면 된다. 이렇게 수행하면 아미타불의 큰 원력을 믿게 되고 윤회하는 괴로움을 절실히 느껴 해탈하려는 마음을 일으키게 된다.

이렇게 수행하면 시작없는 옛날부터 지어온 업장을 참회하고 참된 귀의가 무엇인지를 알게 된다. 이렇게 수행하면 덧없는 나고 죽음의 절박함을 알게 되어 결코 게으르지 않게 된다.

'아미타불'을 부르는 진리의 힘으로 8식의 내용이 바뀌면서 본디의 자기 모습인 끝없이 밝은 불성이 환히 드러나니 이것이 바로 '자성미타(自性彌陀)'이다. 자성미타는 생명의 참모습이자 부처님의 염통이다.

중생은 삼독번뇌로 육도의 업보를 받게 되고 깨달음으로 정토에 태어난다. 날마다 날마다 아미타불을 부르면 8식이 부처님의 세계로 피어나고, 그릇된 업으로 살면 8식이 삼악도를 지어낸다.

또한 염불도 입과 마음이 한 덩어리가 되어서 해야지 입만 염불하고 마음으로는 나쁜 생각을 한다면 무슨 공덕이 있겠는가. 오히려 악한 사람일지라도 참마음으로 염불하면 정토에 태어날 수 있는 것이다.

3. 부모불(父母佛)의 감응

머무름이 없는 열반인 무주열반에 드신 부처님은 인연중생을 건져 주시려고 가지가지 모습으로 나타나신다.

중음신의 윤회는 비록 업력 때문에 이루어지지만 중음신은 윤회할 생명으로 아기집 속에 들어가기 앞서 부모가 결합하는 모습을 보게 된다. 이때 음행의 업에 물든 중생은 쉽게 생각이 뒤집혀 버린다. 이 일을 잠깐 뉘우쳐 보지만 그것은 이미 아기집 속에 든 뒤의 일이다.

부처님께서는 이같은 중생을 제도하시려고 남녀가 끌어안고 있는 쌍신불의 모습을 나투신다. 부모불의 모습에 이끌려 들어와 공경하는 마음을 일으켜 바른 귀의를 이룬 중음신은 정토에 태어나게 된다. 이같은 부모불의 모습을 조각이나 그림으로 나타내는 것은 중유기에 들어간 중음신이 이같은 모습을 보면 곧 다가가 정토에 왕생하라는 뜻이다.

부모불의 뜻을 잘 모르는 사람들은 부모불에 사악한 느낌을 갖기가 쉽다. 하지만 부모불이 사악하다고 한다면, 사람을 창조해 놓고 지어낸 사람이 정욕을 이기지 못하고 나쁜 짓을 저지를 때 사정없이 벌을 내리는 창조신은 어떠한가.

부모불의 모습까지 나투며 끝까지 어린 중생을 불쌍히 여기는 부처님의 자비심은 참으로 끝이 없다 하겠다.

제7장
죽는 법과 죽는 이 보살펴 주기

"만약 죽은 지 49일 안에 널리 착한 일을 지어
모든 중생들이 나쁜 세계를 여의게 하고 하늘이나 사람으로 태어나
뛰어나고 묘한 기쁨을 얻게 해 준다면 그 공덕이 끝이 없다."
그러므로 죽은 이를 위해 49일 안에 복을 닦는 일이야말로
죽은 이나 살아 있는 이에게
가장 뛰어난 공덕이요, 이익이 된다 하겠다.

1. 죽기에 앞서 주의할 일들

(1) 죽음을 눈앞에 둔 사람의 정신이 아직 맑을 때 스님을 모셔온다. 그래서 정토에 대한 믿음과 반드시 그 곳에 태어나겠다는 원을 일으켜 주고 기쁜 마음으로 염불하도록 이끌어 주어야 한다.

또 아미타불, 관세음보살, 대세지보살이 크나큰 빛살을 타고 오시어 정토로 이끌어 주시는 것 말고는 어떠한 현상이 나타나더라도 흔들림이 없도록 잘 일러주어야 한다.

(2) 죽을 사람이 염불하기를 싫어하거나 괴로워 발버둥치거나 보는 사람마다 붙잡고 살려달라고 하는 것은 업장이 드러난 것으로 정토에 태어나는 길에 걸림돌이 된다.

이럴 때일수록 가까이 있는 사람들은 간절한 마음으로 염불참회하거나 왕생주(往生呪)를 108번 지송하거나 《지장경》을 읽고 그 공덕을 죽는 사람의 마음상태에 따라서 함께 염불하도록 이끌어 주어야 한다.

(3) 병원에 입원한 사람이 더는 목숨을 이어가기가 어렵다

고 판단될 때는 바로 가족들과 상의해서 빨리 병원에서 집으로 데려간다.

죽은 사람이 조용하고 편안하다고 느낄 수 있는 곳에서 염불하도록 해야 한다.

(4) 죽은 사람의 마음을 잘 달래주고 혹시나 당부할 일이 있는지 물어서 죽은 사람이 죽은 뒤의 일을 걱정하거나 매달리지 않도록 해 주어야 한다.

당부하거나 정리할 일을 다 말하게 한 뒤로는 모든 세상인연을 다 놓아버리고 지극한 마음으로 염불하여 정토에 태어나 육도윤회의 괴로움에서 벗어날 수 있도록 이끌어 주어야 한다.

(5) 가족들은 죽는 사람의 곁에 모여 함께 염불한다. 불보살님께서 자비를 드리워 죽는 사람이 반드시 정토에 태어나길 정성스런 마음으로 기원해 주어야 한다.

(6) 가족들이나 벗들은 절대로 죽는 사람의 마음이 약해질 만큼 지나치게 부드럽고 사랑스런 말을 건네거나 눈물을 흘려서는 안 된다. 죽는 사람이 가족에 끄달려서 바른 생각을 잃고 나쁜 길에 떨어질 수 있기 때문이다.

2. 목숨을 거둔 뒤에 주의할 일들

죽는 사람의 의식은 숨을 거둔 뒤에도 몸을 떠나지 않고 남아 있으면서 여전히 지각활동을 하고 있다.

특수한 상황이 아니면 열두 시간쯤 지나 죽는 사람의 온몸이 차갑게 식고 의식이 몸을 떠난 뒤에 비로소 죽었다고 보아야 한다. 이 열두 시간 안에는 모든 행동을 아주 조심스럽게 하여 죽은 이가 동요하지 않도록 해야 한다.

(1) 좋은 방편으로 죽은 이를 편안케 하여 바른 믿음을 내게 해 준다.

스님이나 함께 염불할 수 있는 벗들을 불러 죽은 이의 상황에 따라 정토로 이끌어 준다.

염불할 때는 실제상황에 따라 때에 맞게 이끌어 주고 왕생에 대한 믿음과 바람을 일깨워 준다.

(2) 번갈아 가면서 염불한다.

가족이나 친척들이 경건하게 염불해 주는 것이 가장 좋다.

죽은 이의 신식(神識)이 염불하도록 이끌어 주고 아울러 염불공덕을 죽은 이에게 돌려 준다.

(3) 결코 죽은 이의 몸을 만지거나 흔들어서는 안 된다.

죽은 이의 몸을 바삐 씻거나 옷을 입히거나 영양제 주사바늘

같은 것을 뽑거나 하는 것은 죽은 이에게 말할 수 없이 큰 괴로움을 주는 행동이다. 만일 어쩔 수 없이 죽은 이를 옮겨야 할 때는 반드시 큰소리로 염불해야 한다.

끊임없이 주의해야 할 것은 모기, 파리, 개미 같은 벌레가 죽은 이의 얼굴이나 몸에 붙거나 기어다니지 못하게 하는 것이다.

(4) 소리내어 울거나 죽은 이의 몸에 눈물을 떨어뜨려서는 안 된다.

울음을 참을 수가 없거든 다른 곳에 가서 울고 가라앉으면 다시 돌아와 염불해 준다.

(5) 시끄럽게 해서는 안 된다.

염불하는 곳에서 기침이나 하품, 재채기를 하거나 전화소리, 가족들이 의논하는 소리를 내서 염불하는 망자의 의식을 어지럽게 해서는 안 된다.

(6) 세상풍습에 따라 죽은 이에게 종이돈을 올리는 등의 일을 해서는 안 된다.

죽은 이에게 끄달리는 마음을 일으켜 정토에 태어나는 일을 방해해서는 안 된다. 또 염불하는 방안의 공기를 더럽혀서 염불을 방해해서는 안 된다.

(7) 병원에서 목숨을 마친 이의 몸을 냉동처리하거나 방부

처리를 해서는 안 된다.

냉동처리하면 죽은 이에게 얼음지옥에 빠진 것과 같은 괴로움을 준다.

송장이 썩을까봐 걱정이 되면 좋은 향을 피우거나 얼음을 방안에 놓아두되 절대로 얼음을 송장 위에 놓거나 너무 가까운 곳에 두어서는 안 된다.

(8) 송장이 차게 식은 뒤 두어 시간 지난 뒤에 목욕을 시켜주고 옷을 입힌다.

절대로 마음대로 행동하지 말고 잘 아는 이나 경험이 있는 이를 불러서 처리해야 한다.

만약 이런 사람이 없거든 가족들이 신중하고 조심스럽게 다루어야 한다. 뼈마디가 굳었을 때는 더운물에 적신 수건을 덮어주면 저절로 펴진다.

(9) 화장은 이레 뒤에 한다.

만에 하나 다시 살아날 수 있기 때문이다. 크게 다치거나 큰 병을 앓다 죽은 경우는 그러지 않아도 된다.

3. 왜 염불해 주어야 하는가?

죽은 이가 정토에 태어나는 일을 도와주기 위해서다. 염불해

주는 이는 왕생정토에 대한 도리와 방법을 분명히 알아야 죽은 이를 도울 수 있다.

죽은 이에 따라 신식(神識)의 모습이 저마다 다르다. 숨길이 끊어져 죽으면 살아온 삶의 경향이 낱낱이 그림자처럼 나타나고 이것이 본성에 달라붙어 바깥 경계를 향해 설쳐댄다.

이때에는 완전히 업의 힘이 모든 것을 결정하게 되는데 힘이 큰 업일수록 곧바로 드러난다. 악업(惡業)을 많이 지은 이는 악종자(惡種子)의 힘이 커서 이 씨앗의 기운이 드러나면 삼악도로 떨어진다. 선업을 많이 지은 이는 선종자(善種子)가 하늘세계나 사람으로 다시 태어날 수 있도록 이끌어 준다. 살아 있을 때 염불공부를 한 이라면 염불씨앗이 있기 마련이다. 이 염불씨앗의 힘이 아주 커서 다른 씨보다 먼저 나타나면 불보살의 자비광명을 따라 정토에 태어난다. 그러나 염불씨앗이 힘이 적어서 잘 나타나지 않을 때 다른 사람이 곁에서 염불로 도와주면 죽은 이의 염불씨앗이 쉽게 나타나 정토에 태어날 수 있다.

살았을 때 경전을 독송한 이, 만트라 수행을 한 이 가릴 것 없이 죽음에 다다르면 오직 '아미타불'이 염불 씨앗이 나타나야 힘이 되고, 빛이 되어 정토에 나타날 수 있다.

4. 어떻게 죽은 이를 도울 수 있는가

《지장경》에 이런 말씀이 있다.

"어떤 이가 죽은 날에는 산 목숨을 죽이는 일 같은 나쁜 인연을 짓거나 신에게 기대는 행동을 하지 말라. 왜 그런가? 이같은 행위가 털끝만큼도 죽은 이에게 도움이 되지 않을 뿐 아니라 나쁜 인연만을 크고 깊게 해 주기 때문이다."

또 이런 말씀도 있다.

"만약 죽은 지 49일 안에 널리 착한 일을 지어 모든 중생들이 나쁜 세계를 여의게 하고 하늘이나 사람으로 태어나 뛰어나고 묘한 기쁨을 얻게 해 준다면 그 공덕이 끝이 없다."

그러므로 죽은 이를 위해 49일 안에 복을 닦는 일이야말로 죽은 이나 살아 있는 이에게 가장 뛰어난 공덕이요, 이익이 된다 하겠다. 아래 사항들은 49일 동안 지킬 일들이다.

(1) 장례음식은 채소와 나물을 써야 한다. 짐승을 죽여 제물로 쓰면 죽은 이에게 죄업을 더해줄 뿐이다.

(2) 가족들은 49일 동안 채소와 나물 반찬으로 식사를 하고 찾아온 손님들도 그렇게 맞아야 죽은 이에게 도움이 된다.

(3) 《관경》에 말씀하시길 "한 번 아미타불을 염불하면 팔십억 겁의 악업이 사라진다."고 하셨다. 그러므로 죽은 이를 위

해 가족들이 날마다 염불해 주는 일이야말로 가장 절실하고 큰 공덕이며 저 세상이나 이 세상을 이롭게 하는 일이다.

(4) 사람이 죽은 지 49일 안에는 부부일지라도 잠자리를 해서는 안 되며 다섯 계율을 잘 지켜야 한다.

(5) 죽은 이가 모은 재산은 좋은 일에 잘 쓰고 그 공덕을 죽은 이에게 돌려 준다.

(6) 스님이 죽은 이를 천도해 줄 때는 가족과 벗들을 불러 바른 생각을 세워 부지런히 수행할 수 있는 인연을 심어 주고 그 공덕을 죽은 이에게 돌려 준다.

(7) 가족들은 49일 동안 절에 가서 죽은 이를 천도해 준다. 천도는 정성이 중요하지 천도재에 들이는 돈이 중요한 것이 아니다.

5. 장례 지내기

(1) 스님이나 불교장례법을 잘 아는 이를 불러 해야 할 일들을 잘 처리한다.

(2) 장례는 간소하면서 엄숙하게 치르고 가족들은 체면 때문에 돈을 허투루 쓰는 일이 있어서는 안 된다.

삼보께 공양을 올리고 경전을 보시하고 가난한 이들을 돕고 갇힌 생명들을 놓아주는 일을 해서, 죽은 이에게도 참된 도움이 되고 가족들에게도 큰 복이 되게 해야 한다.

(3) 화장하면 절에 유골을 잘 모신다.

6. 정토에 태어나는데 걸림돌이 되는 나쁜 습관들

염불수행자가 죽을 때 바른 생각이 뚜렷하다면 이는 정토에 태어나는 길을 얻은 셈이지만 목숨을 죽인 습관과 음행한 습관이 있다면 이는 왕생정토에 큰 걸림돌이 될 수 있다.

죽이는 습관

경전 말씀에 "고기를 먹으면 좋은 공덕을 구해도 이룰 수 없고 모든 하늘신이 가까이하지 않고 만나는 중생들이 무서워한다. 죽으면 나쁜 곳에 떨어져 큰 괴로움을 받는다."고 하셨다.

이 말씀에 따르면 고기를 즐겨 먹는 이는 원한을 품고 죽은 중생들의 기운 때문에 하는 일이 뜻과 같이 풀리지 않음을 알 수 있다.

집안이 편안하고 몸이 건강하고 사업이 잘 풀리고 아이들이 효순하고 서로 화목하기를 아무리 바란들 이같은 바람이 잘 이루어지지 않는다. 오히려 몸과 마음이 자유롭지 못하고 온갖 번뇌와 뜻대로 풀리지 않는 일 속에서 길이 헤매게 된다.

염불수행자가 다섯 계율도 못 지키고, 죽은 중생의 몸을 부끄러움도 없이 아귀처럼 먹는다면 이는 이미 자비심이 죽어버렸음을 보여주는 일이다. 이름만 염불수행자요, 불교인으로써 짓는 일마다 마업(魔業)을 이루니 염불수행자는 이를 참으로 삼가야 한다.

고기를 먹어 생기는 좋지 않는 재앙은 죽을 때 낱낱이 나타난다. 원한을 품은 중생들이 끝없이 나타나 죽음을 맞는 염불행자에게 바른 생각을 잃게 하고 두려움에 떨게 하여 정토에 태어나지 못하고 삼악도에 떨어지게 한다. 삼악도에 떨어지면 부끄러움이 없이 삼켰던 고기 한점 한점에 깃든 아픔과 원한을 다 갚아야 한다.

또 삼악도를 벗어나 사람으로 태어나도 목숨이 짧고 병이 많은 과보를 받게 되니, 세 치 혀끝으로 맛을 탐해 저지른 끝없는 재앙이 끝내 정토에 나는 일을 이룰 수 없게 하는 것이다. 지혜 있는 이라면 고기 먹는 나쁜 습관을 결정코 바꾸지 않을 수 없는 것이다.

짐승의 알과 오신채는 염불수행자가 먹어서는 안 될 먹거리로, 마땅히 멀리해야 한다.

《현식론(顯識論)》에 이런 말이 있다.

"생명의 형태에는 태(胎), 란(卵), 습(濕), 화(化) 네 가지가 있다. 알은 이 가운데 두 번째의 생명형태다. 알에는 미묘한 목숨이 깃들어 있다. 그래서 중생의 목숨이란 그 신령스럽고 묘하기가 헤아려 알 수 없는 것이다."

이 말에 따르면 알 하나를 먹는 일은 목숨 하나를 죽이는 일과 같다.

《능엄경》에 이런 말씀이 있다.

"삼매를 이루고자 하는 중생은 세상사람들이 즐겨 먹는 오신채를 입에 대지도 말아야 한다. 오신채는 익혀 먹으면 음욕이 일어나고 날로 먹으면 성내는 기운이 커진다."

이 말씀에 비춰보면 오신채에 들어 있는 정갈하지 못하고 탁한 기운은 사람의 욕심을 길러주고 오신채에서 나는 지독한 냄새는 사람의 성내는 마음을 키워주는 것임을 알 수 있다.

또 경에 말씀하시기를 "오신채를 먹는 이는 비록 모든 경전을 막힘없이 말하더라도 시방세계 모든 하늘신들이 그 냄새를 싫어해 다 멀리 떠나버린다." 하셨다.

이와 같이 오신채가 주는 허물과 화는 음심과 화내는 마음을 키우는 일 말고도 부처님의 가르침을 지켜주는 호법신장들이 멀리 떠나버리게 하여 날로 복덕이 줄어들고 깨달음을 이룰 수 없게 된다.

음행에 대한 생각과 음행습관

오늘날의 세상풍조를 보면 남자나 여자나 스스로를 소중히 여겨 절제할 줄을 모르고 한 몸뚱이의 즐거움만을 탐내 뱃속

아이를 지우는 살생업을 되풀이하고 자기 살붙이를 무참히 죽이고 있다.

호랑이나 독사도 자기 새끼는 죽이지 않는다고 하지 않는가. 그런데도 사람은 이렇듯 멋대로 자기 자식을 죽이니 죽은 아이들이 원한을 품지 않겠는가? 이같은 나쁜 업과 그 인과를 깊이 반성해 볼 일이다.

이같은 짓을 저지르고도 집안이 평안하고 식구가 화목하고 몸이 건강하고 하는 일이 잘 풀리고 아들 딸이 효순하기를 바랄 수는 없다. "모든 선은 효도를 으뜸으로 삼고 모든 악은 음욕을 머리로 삼는다."는 말이 있다. 염불수행자가 귀담아 들어야 할 말이다.

부부 사이라도 법도가 없이 애욕을 탐해서는 아니되는데 삿된 음행이야 더구나 안 될 일이다. 음욕을 탐하거나 삿된 음행을 하는 것은 세상에서 가장 나쁜 짓으로 그 과보가 빠르고도 무서워 화가 자손에까지 미친다.

《원각경》 말씀에 "저 모든 세계 모든 중생의 모습인 태생, 난생, 습생, 화생은 다 음욕으로 몸과 마음을 받는다."고 하셨고 《능엄경》 말씀에 "저 모든 세계 육도중생이 마음에 음욕이 없으면 생사윤회를 따르지 않는다. 너희가 닦는 삼매는 본디 욕심과 번뇌를 벗어난 세계이니 음욕을 없애지 않으면 번뇌를 벗어날 길이 없다." 하셨다.

그러므로 생사윤회를 벗어나고자 하는 이는 반드시 음욕과 음행짓는 습관을 끊어 없애고 맑고 깨끗한 삶을 살아야 한다.

왜냐하면 음행하는 업과 음행하는 습관은 우리의 신식(神識)을 속박해서 해탈할 수 없게 하는 크나큰 걸림돌이기 때문이다. 수행자는 음욕과 그것에 대한 생각을 말끔히 없애버려야 한다.

그렇지 않으면 죽어 중음에 태어나 남녀가 음행하는 모습이 눈앞에 나타날 때 염불하는 바른 생각을 잃어버리게 된다. 이렇게 되면 자기도 모르는 사이 음행하는 경지에 들어가 순식간에 사생육도를 맴도는 중생의 몸을 받아 윤회의 온갖 괴로움을 받게 된다.

다시 정리해 보자. 목숨을 죽이는 일과 음행하는 일은 세상에서 지을 수 있는 가장 나쁜 일이다. 그것은 살아서 받는 과보도 무섭거니와 죽어서는 정토에 태어나는 일을 가로막는 무거운 업장이 된다.

죽을 때 염불하는 바른 생각이 또렷하도록 하려면, 죽이고 음행하는 나쁜 업을 짓지 말아야 한다. 그리고 죽여서 그 고기를 먹고 음행하고 사음하는 악업을 하루라도 빨리 끊어버리고 스스로의 삶과 죽음의 세계를 바르게 지켜보아야 한다.

계율을 잘 지키고 채소 음식을 먹으면 결정코 한때 쾌락에 눈이 멀어 끝없는 괴로움의 세계에 빠지는 일이 없을 것이다.

제8장
한 번 보고 한 번 들어도 정토에 태어난다

죽으면 아는 힘이 살아있을 때보다 아홉 배가 밝아진다.
그래서 여러 가지 빛이 나타나거나 모습이 나타날 때
이 가르침을 기억하거나 보고 듣고 정확하게 이해할 수 있거나
한마음으로 아미타불을 부른다면 아미타부처님이 정토로 이끌어 주시어
육도윤회의 나고 죽는 괴롬바다를 벗어난다.

1. 정토에 태어나게 하는 기회

(1) 늘 공경히 염불수행을 닦는 이는 죽을 때 스스로 죽을 시간을 알 수 있고 마음이 뒤집히는 일이 없이 아미타부처님의 영접을 받아 잠깐 사이에 정토에 태어난다.

이들은 중음의 단계를 거치는 일 없이 바로 해탈세계에 이른다. 다른 수행법으로 공부를 이룬 이나 스스로를 제도하는 법인 이 책을 익혀 공부한 이도 중음의 세계를 거치지 않고 바로 깨달음의 세계에 이른다.

(2) 수행한 공력이 (1)만 못해도 이 책을 익혀 공부한 이는 죽어 나타나는 빛을 바르게 인식하는 힘으로 바로 위없는 깨달음의 세계로 나아간다. 또 아미타불를 놓치지 않고 부르는 바른 생각의 힘으로 정토에 태어나 해탈한다.

(3) 비록 공부가 보잘것없는 이라도 죽은 뒤 열나흘 동안 이 책에서 말하는 가르침을 보고 들어서 거룩한 빛을 잘 가려내어 그 속에 들어가거나 한마음으로 아미타불을 부르면 바로 해탈한다.

(4) 착한 인연도 보잘것없고 업장이 깊고 무거워 한두 번 방황하다 나쁜 길에 들어선 중음신이라도 이 책에서 말한 가르침을 보고, 듣고, 기억하고, 생각하여 가르침에 따라 아미타불을 염불하면 부처님의 자비원력의 힘으로 극락정토에 태어나 바로 해탈한다.

(5) 죽어 두렵고 무서움에 시달리는 이라도 이 책의 가르침을 보거나 듣고 아미타불을 부르면 바로 해탈한다. 또 이 책에서 가르치는, 아기집에 들어가지 않는 법과 아기집을 잘 가리는 법에 따르면 원하는 좋은 곳에 태어날 수 있다.

(6) 어리석기 말할 수 없는 이라도 아미타불의 큰 원과 가피의 힘을 믿고 따르면 삼악도에 떨어지지 않고 원만한 사람으로 태어나고 바른 스승과 가르침을 만나 앞으로 완전한 해탈에 이를 수 있다.

2. 어떻게 이 가르침을 보고 듣고 해탈하는가?

(1) 죽으면 아는 힘이 살아있을 때보다 아홉 배가 밝아진다. 그래서 여러 가지 빛이 나타나거나 모습이 나타날 때 이 가르침을 기억하거나 보고 듣고 정확하게 이해할 수 있거나 한마음으로 아미타불을 부른다면 아미타부처님이 정토로 이끌어 주

시어 육도윤회의 나고 죽는 괴롬바다를 벗어난다.

(2) 죽은 이가 중음신이 되면 거칠고 걸림이 많던 몸이 사라져 모든 것을 민감하게 느낄 수 있다. 이런 감수성에서 한마음으로 지극하게 아미타불을 부르면 정토에 태어나 해탈할 수 있다.

(3) 거센 업의 바람에 흔들리더라도 중음신은 뛰어난 감각과 아는 힘이 있다. 그래서 거리의 멀고 가까움에 걸림이 없어진다. 이 가르침을 일러주는 이의 부름을 한 번만 들어도 곧바로 그 곳에 가서 가르침을 들을 수 있다. 한 번 이 가르침을 들으면 그 자리에서 마음이 열리고 뜻이 밝아져 마음 다해 아미타불을 부르게 되고, 그러면 정토에 태어나 해탈을 얻는다.

3. 육도윤회를 벗어나는 법

스스로 벗어나는 법

살았을 때 늘 이 책을 읽고 죽을 때 나타나는 여러 가지 현상들을 마음에 새겨두자.

그러면 죽은 뒤에 무섭고 두려운 현상이 나타났을 때 살았을 때보다 아홉 배 뛰어난 기억력과 영상으로 가지가지 현상을 바르게 알아차릴 수 있다. 또 두려움 없이 한마음으로 염불하여 괴로움에서 벗어나고 죽음의 길을 끊어버린다.

다른 이의 해탈을 도와 주는 법

이 책에 나와 있는 중음세계의 여러 가지 단계를 잘 이해한 뒤에 죽은 이에게 가장 필요한 가르침을 베풀어 준다. 또 죽은 이가 가장 크게 매달리는 것, 큰 걱정거리에 대해 그것이 덧없고 이익이 없는 것들임을 가장 간단하고 알기 쉽게 차근차근 일러준다. 그리고 죽은 이가 모든 것을 다 놓아버리고, 어떤 것도 생각하지 말고 둘레상황에 대해 알려고 할 것 없이 청정한 마음으로 아미타불을 부르게 한다.

죽은 이는 이렇게 해서 눈부신 빛의 몸, 끝없는 빛의 몸인 아미타부처님을 따라 극락정토에 태어나 참된 해탈을 얻게 된다.

다른 이의 해탈을 도와 주는 보기

먼저 청정한 마음으로 정성을 기울여 아미타불을 108번 부른 뒤 죽은 이에게 아미타부처님의 가피가 내리길 기원한다.

"○○○영가시여, 허둥대거나 방황하거나 두려워하지 마소서. ○○○영가시여, 아미타불을 부르는 염불소리와 지금 내가 영가에게 드리는 말에 크게 귀를 여소서.

영가는 이제 죽음에 이르러 떠도는 중음세계의 몸이 되었습니다. 이제는 오직 불보살님만이 영가를 도울 수 있으니 영가는 의심하지 말고 깊고 맑은 믿음을 일으키소서.

불꽃이 휘날리고 얼음바람이 휘몰아쳐도 한마음 한뜻으로 한결같이 아미타불만을 부르소서.

이렇게 하면 두려움과 괴로움이 사라집니다.

이렇게 하면 악업에서 일어나는 두려운 현상들이 맑게 개입니다. 이렇게 하면 아미타부처님께서 영가를 품에 안아 정토에 태어나게 하십니다.

영가시여, 세상 그 어떤 것도 본디 덧없지 않은 것이 없습니다. 과거 · 현재 · 미래, 그 어떤 일도 다 놓아버리고 한순간 한순간 아미타불을 부르소서. 누구도 영가를 도울 수 없습니다.

오직 아미타불만이 영가의 빛이 되고 길이 될 수 있으니 맑은 맘 다 기울여 우리와 함께 아미타불을 부릅시다."

염불은 많이 할수록 좋다. 짧아도 108번 하고 그 공덕을 죽은 이를 위해 돌려 준다. 이렇게 죽은 이를 위해 기도해 주면 영가는 반드시 극락정토에 태어날 것이다.

제9장
염불은 한생각에 해탈하는 길

아미타불은 결코 스스로 세운 서원을 저버리시는 법이 없다.
부르는 소리를 따라 바로 오시고 이끌어 정토에 태어나게 하신다.
부르는 중생이 비록 삼천대천세계의 큰 불로 가득 찬 곳에 있다 하더라도
아미타부처님의 원력이 활활 타는 불꽃바다를 뛰어넘어
정토에 태어나 바로 깨달음을 이룬다.

1. 어떤 중생이라도 염불하면 해탈한다.

인광(印光 : 1862~1940, 중국 정토종 13조) 조사께서 쓰신 《극락도(極樂圖)》 머릿글 가운데는 정토법문을 높이 기리는 이런 말씀이 있다.

"정토법문은 이 마음이 부처되고 이 마음이 부처임을 가르치는 법문이다. 선종에서 말하는 '바로 마음을 가리킴(直指人心)'도 이 마음으로 부처님을 생각하고 이 마음으로 부처님을 이룬다는 정토의 가르침만 못하다.

깨달음을 이룬 모든 수행자들은 모두 이 드높은 가르침을 드날렸으니 정토법문은 위, 아래, 가운데 모든 근기의 중생들을 함께 끌어안고 율종, 선종 같은 여러 종파들을 다 아우르는 법문이다.

정토법문은 만물을 윤택하게 하는, 때맞춰 내리는 단비와 같고 모든 강물을 다 받아들이는 큰 바다와 같다. 변(遍), 원(圓), 돈(頓), 점(漸)의 모든 가르침이 다 이 법문 가운데서 흘러나오지 않는 것이 없고, 삼승(三乘)과 오성(五性)을 한데 아울러 모두 참 진리를 얻게 하고 성인과 범부를 함께 이끌어 정토에 이르게 한다.

그래서 구계(九界)가 모두 귀의하고 시방세계가 함께 찬탄하고 경전마다 이 가르침을 밝히고 논장마다 이 가르침을 펴니, 이는 가르침의 가르침이고 위없는 일승의 큰 빛이라 이를 만하다."

석가모니부처님께서는 말법시대 중생들에게 이 정토법문에 귀의해 해탈하라고 가르치셨다.

관음, 세지, 문수, 보현 같은 모든 위대한 보살들도 정토법문을 수행하고 아미타불을 염불해서 극락정토에 태어나 물러섬이 없는 땅에 이르러 온전한 깨달음을 이루라고 권하셨다.

2. 염불법문에는 어떻게 한생각에 부처를 이루는 힘이 있는가?

이런 힘의 뿌리는 아미타불의 48원의 알맹이인 "결정코 바른 깨달음을 이루게 하겠다(定成正覺願)."는 원력과 "열 번 아미타불을 부르면 반드시 정토에 태어나게 하겠다(十念往生願)."는 원력에 있다.

'결정코 바른 깨달음을 얻게 하겠다'는 원력이란 무엇인가? 극락정토에 태어난 이는 이미 지은 업장의 무겁고 가벼움에 가릴 것이 없이 한결같이 바른 깨달음을 이루게 하겠다는 원이다.

그렇다면 어떻게 정토에 갈 수 있는가? 아미타불을 부르면 그렇게 된다. '열 번 아미타불을 부르면 반드시 정토에 태어나게 하겠다' 는 원력이란 무엇인가? 아미타부처님은 과거 원력보살로 수행할 때 "내가 만약 성불하면 시방중생이 나의 국토에 태어나기를 소원하고 내 이름을 열 번만 부르면 정토에 태어나게 하리라. 만약 한 중생이라도 정토에 태어나지 못한다면 나는 깨달음을 이루지 않으리라."는 원을 세우셨다.

시방중생이란 사람뿐만이 아니다. 중음세계의 중생이든 나아가 짐승, 아귀, 지옥중생 할 것 없이 신령하고 밝은 깨달음의 성품은 그대로이니 부처님을 그리워하고 부처님을 생각하면 반드시 부처님의 손에 이끌려 정토에 태어나 성불하고 만다.

더욱이 중음세계의 중생은 그 영성이 생전보다 아홉 배가 밝으니 이같은 영성으로 지극하게 아미타불을 부르면 아미타불의 원력을 타고 한생각 사이에 정토에 태어나 깨달음을 이룬다.

3. 중음세계가 아무리 험해도 아미타불만을 부르면 벗어날 수 있는가?

성불하기에 가장 쉽고 빠른 길은 밝고 깨끗한 마음으로 아미타부처님의 가르침을 따르는 것이다.

중음신에게 보이는 온갖 밝은 빛, 기쁨과 성냄의 모습을 나투는 여러 성상과 나찰, 맹수, 우박 같은 현상은 모두 스스로의 의식이 바뀌어 나타난 모습이다. 살아 있을 때 중음세계를 이해하지 못하고 죽어서 위에서 말한 여러 가지 경계를 만나면 그런 경계들의 참모습을 알지 못해 자성불을 깨닫지 못하고 스스로를 구제할 기회를 놓쳐 윤회의 구렁텅이에 떨어지고 만다.

이와 같이 참으로 위험한 상황 속에서도 만약 지극한 마음으로 아미타불을 염불하고 서방정토에 태어나기를 간절히 구하면 문득 허망된 의식의 흐름이 끊어지고 변화해 나타난 허망한 경계들이 사라진다.

아미타불은 결코 스스로 세운 서원을 저버리시는 법이 없다. 부르는 소리를 따라 바로 오시고 이끌어 정토에 태어나게 하신다. 부르는 중생이 비록 삼천대천세계의 큰 불로 가득 찬 곳에 있다 하더라도 아미타부처님의 원력이 활활 타는 불꽃바다를 뛰어넘어 정토에 태어나 바로 깨달음을 이룬다.

4. 죄업이 깊고 무거운 중생도 아미타불을 부르면 구제될 수 있는가?

그것은 스스로에게 달렸다. 그대로 믿고 정토에 태어나기만을 바라고 지극한 마음으로 아미타불을 부른다면 틀림없이 구제될 수 있다.

《관무량수경》에 이런 말씀이 있다.

"어떤 중생이 오계, 팔계, 구족계 같은 청정한 계율을 깨뜨리고 살면서도 참회하는 마음이 없다면 죽어 지옥에 떨어질 것이다."

죽어 지옥세계가 눈앞에 펼쳐질 때 대부분은 "이제는 영영 지옥을 피할 길이 없겠구나." 하고 체념해 버린다. 그러나 그렇지 않다. 이런 때라도 좋은 스승을 만나 광명이 끝없는 아미타불의 공덕과 서원을 찬탄하고 지극한 마음으로 아미타부처님을 그리워하고 염불하면 팔십억 겁의 죄업이 모두 사라져 버린다.

무서운 지옥불은 맑고 서늘한 바람이 되어 가지가지 하늘꽃을 흔들고 그 꽃마다 아미타부처님께서 부르는 중생을 맞아 주시니 한생각에 극락정토의 연꽃 속에 태어난다.

이와 같이 죄업이 무겁고 깊어 지옥, 아귀, 축생 같은 삼악도에 떨어져 끝없는 괴로움을 받을 이라도 염불하는 한생각 속에 팔십억 겁의 죄업을 없앨 수 있다. 그리하여 아미타불의 원력을 타고 극락정토에 태어나, 길이 윤회의 바다를 건너 바로 깨달음을 이룬다.

그러니 지옥에 떨어질 중생이라도 죽어 지옥세계가 눈앞에 펼쳐질 때 지극한 마음으로 아미타불을 염불하면 한생각에 깨달음을 이루게 됨이 결코 허망한 말이 아님을 뚜렷이 알아야 한다.

부처님은 인과는 털끝만큼이라도 어긋나지 않는다고 하셨다. 죄를 지어 지옥에 떨어질 이가 어떻게 아미타불을 부르는 한생각으로 무서운 인과의 그물을 벗어날 수 있는가? 아미타불을 생각하고 부르는 일이란 결코 쉬운 일이 아니다.

그것은 결코 우연이거나 뜻밖의 사건이 아니다. 그것은 불가사의한 인연과 헤아릴 수 없이 많은 공덕의 씨앗이 무르익어야 피어난다. 지옥불 앞에서 아미타불을 염불하는 마음이야말로 무르익은 인연이요, 공덕의 끝이 아닌가. 그래서 부처님과 조사님들은 한결같이 이런 말씀을 하셨다.

"염불하는 공덕은 금강을 먹는 것과 같아서 그 기운과 힘이 결코 없어지지 않는다."

팔만 겁 전에 길을 가던 한 나그네가 큰 호랑이를 만났다. 나그네는 너무 바쁜 나머지 "나무불(南無佛)!" 하고 외쳤다. 이 한 마디 염불공덕으로 나그네는 팔만 겁이 지난 뒤 석가모니부처님의 제자가 되어 아라한과를 이루었다.

염불수행자는 결코 염불공덕을 의심하지 말고 나고 죽음을 생각하는 참마음으로 용맹염불해야 한다. 염불이야말로 금강식(金剛識)인 것이다.

5. 염불문은 늙은이에게나 맞는, 낮은 수행법이 아닌가?

정토법문을 전혀 모르고 하는 말이다. 이것은 지혜있고 공덕을 짓는 이의 말이 아니다.

왜 그런가. 정토법문을 믿고 수행할 수 있는 이는 수많은 생을 통해 수행공덕을 쌓는 큰 지혜인으로 낮은 근기의 사람이 아니기 때문이다.

《무량수경》에 "이미 복덕과 지혜를 닦지 않은 이는 이 정토 법문의 가르침을 들을 수 없다." 하셨고 또 "어떤 선남자 선여인이 아미타부처님의 이름을 듣고 기쁜 마음을 일으켜 우러러 아미타불께 귀의하고 염불수행을 한다면 이런 이는 작은 근기가 아님이라. 그런 사람은 나의 가르침을 실천하는 제자 가운데 가장 으뜸가는 제자임을 알아야 한다."고 하셨다.

참으로 정토법문을 듣고 맑은 믿음으로 받들어 실천하는 이는 헤아릴 수 없이 많은 지난 생에 수없이 많은 부처님께 공양하고 수행한 복덕과 지혜가 크고 깊은 이들로서 으뜸가는 부처님의 제자인 것이다. 부처님조차도 찬탄하신 이 법문을 힘써 수행하는 염불행자를 얕잡아 보는 일은 참으로 삼가고 삼가할 일이다.

염불법문의 수승한 공덕은 《화엄경》이나 《법화경》에서도 잘 밝혀 주고 있다. 더 깊이 공부해 보려는 이는 《정토오부경》을 보면 된다.

《무량수경》에서 극락세계와 아미타불의 원이 어떤 것인지 알 수 있고, 《관무량수경》에서는 염불법문이 높고 깊은 유식수행의 뿌리임을 알 수 있고 《아미타경》에서는 근기가 서로 다른 중생들이 염불수행으로 빠짐없이 구제를 받는 불가사의한 경계를 알 수 있다.

또 《대세지보살염불원통장》과 《화엄경》 〈보현보살행원품〉에서는 시방세계의 모든 큰보살들이 깨달음의 과위에 올라서야 염불법문의 뛰어남을 알고 한마음으로 염불하고 부처를 이루어 모든 중생들에게 염불해서 극락정토에 태어나길 가르치심을 알 수 있다.

아, 우리가 지금 이같이 수승한 염불법문을 만나게 된 것은 얼마나 큰 행복인가! 이 생에 이같이 으뜸가는 법문을 만났으니 무너지지 않는 믿음과 간절한 원을 세우고 한마음으로 아미타불을 부르면서 정토에 태어나길 희망하자. 이생에 만난 이 귀중한 인연을 헛되이 지나쳐서는 안 된다.

6. 이 시대에는 어떤 수행을 닦는 것이 가장 좋을까?

석가모니 부처님은 《대집경》에서 이렇게 말씀하셨다.

"말법시대에는 수없이 많은 이들이 수행하나 깨달음을 이룬 이는 참으로 드물다. 염불수행만이 생사윤회를 벗어날 수 있다."

부처님의 말씀대로 우리들이 살고 있는 이 말법시대에는 가르침도 많고 그 가르침을 따르는 사람들도 많다. 그러나 가르침과 사람의 근기가 서로 맞지 않아서 깨달음을 얻은 이가 드물다. 염불법문을 수행하는 이만이 나고 죽음의 괴롬바다를 뛰어넘고 육도윤회를 벗어날 수 있다.

그렇다면 어떤 부처님의 이름을 부를 것인가? 빛 가운데 빛이시고 부처님 가운데 부처님이신 아미타불을 불러야 한다.

석가모니부처님은 열반에 드시기 앞서 말법중생들에게 해탈과 깨달음을 이룰 수 있는 정토법문을 남겨 주셨다. 불자라면 부처님이 일러 주신 이 정토법문을 기쁘게 받아 지녀야 할 것이다.

7. 마(魔)는 수행하는 데 커다란 걸림돌인데, 염불법문을 수행하면 마(魔)가 없을까?

《수능엄경 오십음마장》 가운데 이런 말씀이 있다.

"여러 귀신의 무리들과 함께하는 말법시대에 이르면 천마(天魔), 외도, 귀신, 요정 같은 기운들이 불길처럼 일어나 모든 수행자들을 괴롭힌다.

참선이나 밀법을 닦는 이가 계율을 지키지 않고 바른 견해가 없으면 바로 마군의 그물에 걸려들고 만다. 그러나 지극한 마음으로 믿고 기뻐하고 염불법문을 받아 지닌 이는 삿된 마군의 괴롭힘에 걸려 들지 않는다."

왜 그런가? 《십왕생경》 말씀을 보자.

"어떤 중생이 아미타불을 부르면서 정토에 태어나길 원하면 아미타불께서 스물다섯 큰보살을 보내어 수행자를 보살펴, 가거나 앉거나 머물거나 눕거나 밤이거나 낮이거나 어떤 때 어떤 곳을 가림 없이 악귀나 악신이 끼어들지 못하게 한다."

또 《아미타경》에는 이런 말씀이 있다.

"어떤 선남자 선여인이 《아미타경》을 받아 지니거나 여러 부처님의 이름을 들으면 이 선남자 선여인들은 모두 부처님들께서 보살펴 주시나니, 모두 물러섬이 없는 깨달음을 얻는다."

이렇듯 지극한 마음으로 염불하는 수행자는 모든 부처님과 모든 보살님들이 보살펴 주시사 언제나 40리에 뻗치는 밝은 빛 속에 있어 어떤 마(魔)도 가까이 할 수 없다.

염불법문이야말로 이 말법시대 중생들에게 가장 안전하고, 쉽고 간단하고, 가장 근기에 맞는 수행법이자 생사해탈을 가장 완전하고 빠르게 이루어주는 성불의 문이다.

8. 염불수행자는 꼭 채식을 해야 하나?

《수능엄경》에 이런 말씀이 있다.

"육도에 윤회하는 중생이라도 마음에 죽이는 기운이 사라지면 더 이상 태어남과 죽음의 윤회를 따르지 않는다. 삼매를 닦아 번뇌에서 벗어나려면 죽이는 마음을 없애지 않고는 이룰 수 없다."

고기가 맛이 있고 그래서 고기를 즐겨 먹는 사람은 죽이는 마음이 있다. 그렇기 때문에 죽이는 마음을 없애려면 고기를 먹지 말아야 한다. 어떤 수행법으로 수행을 하든 고기를 즐겨 먹는 사람은 태어남과 죽음의 윤회에서 해탈할 수 없다. 목숨을 죽이거나 그 고기를 즐겨 먹는 사람이 죽음에 이르면 빚을 진 생명들이 나타나 바른 생각을 잃게 하여 정토에 태어나는 길에 큰 걸림돌이 된다.

염불수행자는 언제 어디서나 혼자 몸이 아니라 보이고 들리는 한량없이 많은 중생들과 함께 정토에 태어나겠다는 큰 자비심을 잃지 말아야 한다. 자비심이야말로 염불수행자의 생명이다. 그래서 염불수행자는 채식을 해야 하고 알이나 오신채도 먹어서는 안 된다.

왜 그런가?《관무량수경》에 이런 말씀이 있다.

"맑은 업을 닦아 정토에 태어나고자 하는 중생은 마땅히 다음과 같은 복덕을 쌓아야 한다. 첫번째는 부모께 효도하고 스승께 헌신하고 자비심으로 목숨을 사랑하면서 열 가지 착한 업을 닦는 일이다. 두 번째는 삼보께 귀의하고 맑은 계율을 받아 지녀 자비행자의 위의를 잃지 않는 일이다.

이와 같이 맑은 업은 삼세 모든 부처님들이 깨달음을 이룬 씨앗이니 정토행자는 염불과 정업을 닦는 일을 치우침 없이 함께 닦아 나가야 한다.

《지장경》말씀에 "깊고 큰 업력은 해탈의 길을 막는 수미산과 같고 바다와 같다."고 하셨다. 비록 아미타부처님의 서원과 자비심이 끝이 없기는 하지만 죽음에 이르러 집착을 놓아버리지 못하고 맑고 바른 생각으로 염불하지 못하는 중생은 제도해 줄 수 없다.

한편으로는 염불하고 한편으로는 죽이고 즐겨 고기를 먹다가 죽음에 이르러서 바른 생각을 잃어버리면 길이 삼악도에 떨어지니 누구를 탓할 것인가. 이것은 스스로 지어 스스로 받는 과보이지 부처님의 자비와는 아무런 상관이 없는 일이다.

어떤 사람은 이런 말을 한다.

"나는 고기가 있으면 먹고 없으면 안 먹는다. 그래도 염불수행이 아주 잘 된다. 나는 채식에 집착하지 않는다."

이 말은 스스로를 속이는 말이다. 생각해 보라. 생명을 죽이는 기운이 살아있는 입으로 어떻게 염불할 수 있겠는가? 오물에 버무려 놓은 고기라도 집착함 없이 먹을 수 있는가? 이런 말은 자비심이 무엇인지를 바르게 아는 이가 하는 말이 아니다. 사바세계의 모습과 소리와 맛과 냄새와 느낌과 생각에서 해탈하여 저 맑은 나라인 정토에 태어나기를 발원하는 수행자라면 어떻게 사바의 어두운 고기 씹는 버릇에 집착하겠는가?

연지대사는 이렇게 말했다.

"죽이고 그 고기를 즐겨 먹는 마음이여! 이 세상에 이보다 더 흉악하고 슬프고 독한 마음이 또 어디 있으리!"

자비심은 모든 불보살의 생명이다. 자비의 세계인 정토에 태어나기를 바라면서 어떻게 고기 먹는 나쁜 업을 즐겨 쌓을 수 있겠는가? 더구나 고기를 즐겨 먹으면 오래 살지 못하고 병치레를 많이 하는 과보를 받게 된다. 병에 걸려 괴로울 때 바른 생각으로 염불할 수 있는가?

부처님은 "사람 몸을 잃어버리는 중생은 땅과 같은데 사람 몸을 잃지 않는 중생은 손톱 밑에 있는 흙과 같다."고 말씀하셨다.

슬프다. 맛에 집착하지 않는다며 즐겨 고기를 먹다가 사람 몸을 잃어버리고 삼악도에 떨어져 헤매는 중생이 수미산과도 같음이여! 참으로 지혜있는 사람이라면 깊이 생각해 볼 문제이다.

《능엄경》에 이런 말씀이 있다.

"생명을 죽이면 그 생명을 갚아 주어야 한다. 중생은 이같은 인연의 고리 속에서 길이 나고 죽는다."

정토에 태어나길 발원하는 염불행자는 반드시 나고 죽음의 흐름을 끊어버려야 한다. 목숨을 죽이고 그 고기를 먹어, 나고 죽음의 씨앗을 만드는 일은 염불행자가 할 일이 아니다.

"보살은 그 씨앗을 두려워하고 중생은 그 열매를 두려워한다." 하셨다. 태어남과 죽음의 고리 속에서 벗어나려고 수행하는 수행자는 태어남과 죽음의 씨앗을 두려워해야 한다. 삶의 씨앗이 바르지 못하면 바른 삶의 열매를 거둘 수 없다.

하련(夏蓮) 거사는 이렇게 노래했다.

"슬프구나, 흐르는 과보의 물결이여. 흘러흘러 윤회의 바다에 넘치네.

아, 어디에서 왔는가. 하늘에 가득한 괴로움의 불길이여, 목숨을 죽이는 한생각에서 왔네."

염불행자는 채식을 해야 하는가? 이것은 따지고 생각할 문제가 아니다. 이는 염불행자만이 누릴 수 있는 바른 길이요, 기쁜 길이다. 내가 싫어하는 것은 다른 중생들도 싫어한다. 염불행자는 언제나 스스로의 삶을 비춰보고 잘 다스려 나가야 한다.

제10장
나고 죽음을 벗어나는 빈틈없는 해탈공부

삶의 순간순간 속에서 '삶의 온갖 현상은 꿈 같고 허깨비 같고
물거품 같고 그림자 같고 이슬 같고 번갯불 같음' 을 깨달아
욕심과 애착을 놓아버려야 한다.
그리고 밤이나 낮이나 아미타불을 그리는 마음을 키워나가고
보현보살의 열 가지 큰 원을 닦으면서
정토에 태어나기를 소원해야 한다.

어렵고 어려운 일은
죽음뿐
모든 것이 사라지는
죽음이 올 때
그대여,
죽음을 죽음이라 알아
그 죽음을 벗어날 수 있는가
나고 죽음의 굴레를 벗으려고
그대는 공부를
해 두었는가?

《화엄경》〈보현행원품〉에 이런 말씀이 있다.

"죽음에 이르는 순간 모든 감각은 다 흩어져버리고 가족도
이웃도 다 떠나버린다. 명예도 위엄도 재물도 다 사라진다. 따
르던 이들도 헐뜯던 이들도 함께 갈 수 없는 죽음의 길에 오직
함께하는 것은 정토를 그리던 이 마음뿐. 자나깨나 아미타불
을 그리던 마음의 빛이 죽음의 길을 환히 비추어 한 순간에 정
토에 태어나게 하리라.

정토에 태어나면 아미타불, 문수보살, 보현보살, 관세음보

살, 미륵보살 같은 수많은 불보살님께 에워싸여 연꽃 속에 태어나서 부처님께 수기를 받으리라."

죽으면 가장 아끼던 몸이며 눈, 귀, 코, 혀 같은 모든 감각기관이 한꺼번에 허물어져 다시는 쓸 수 없게 된다. 그뿐인가. 사랑하던 가족과 이웃들과도 영영 헤어지게 되고 피땀 흘려 모은 재산도 아무런 힘이 될 수 없다. 아무리 많은 사람들을 부리던 이라도 한 번 숨길이 끊어지면 한 사람도 뜻대로 부릴 수 없다.

이같은 죽음을 맞아 창자를 끊는 듯한 괴로움 속에 몸부림치다 눈 깜짝할 새에 중음의 세계로 들어간다. 중음의 세계에는 친척도 없고 벗도 없고 기댈 사람도 없다. 시커먼 어둠의 두려움 속에는 살려달라고 부를 이름도 모습도 없어 지은 업대로 곤두박질치며 온갖 괴로움을 받는다.

살아있을 때 가족이나 이웃이 이런 괴로움 속에 몸부림치고 있다면 우리는 그들에게 무슨 힘이 될 수 있을까. 나아가 우리는 스스로 이같은 중음의 고통 속에 빠졌을 때를 대비해 지금 어떤 준비를 하고 있는가. 나고 죽음만을 끝없이 되풀이하고 있는 삶의 문제를 말끔히 풀려면 어떻게 해야 하는가.

삶의 순간순간 속에서 '삶의 온갖 현상은 꿈 같고 허깨비 같고 물거품 같고 그림자 같고 이슬 같고 번갯불 같음'을 깨달아 욕심과 애착을 놓아버려야 한다. 그리고 밤이나 낮이나 아미타불을 그리는 마음을 키워나가고 보현보살의 열 가지 큰 원을 닦으면서 정토에 태어나기를 소원해야 한다.

이렇게 힘써 수행한 이는 죽음에 이르러 한꺼번에 온갖 세상

인연들이 사라질 때 불보살님의 가피의 빛살이 한 순간도 떠나지 않고 정토로 이끌어 주신다. 그리하여 한 순간에 극락정토의 연꽃 속에 태어나 아미타부처님의 수기를 받고 자기가 성불할 때와 나라와 이름을 밝게 알 수 있게 된다.

이 얼마나 뛰어나고 시원스런 일인가! 이 가르침을 믿고 실행하는 이는 죽음을 뛰어넘어 번뇌의 굴레를 벗어나서 반드시 깨달음을 이룰 것이다. 나아가 육도를 윤회하는 중생들까지도 인연따라 구제하게 될 것이니 어찌 사랑하는 가족과 이웃들을 윤회의 깊은 강에서 건지지 못할까 걱정할 것인가.

죽은 사람뿐만 아니라 살아있는 사람들도 이 정토의 맑은 가르침을 따른다면 사람의 힘으로는 어찌 해 보기가 어려운 모든 근심과 집착을 놓아버리게 된다. 또 정토의 부신 빛살에 눈이 뜨여 한마음 한뜻으로 정토에 태어나길 소원하게 되나니, 다시 이 사바세계에 태어나게 되더라도 끝내 정토를 향한 큰 소망을 남김없이 이루게 된다.

사람 몸을 받고서도 정토의 길 안 닦으면
보배산에 들어가서 빈손으로 나옴과 같네.

제11장
돌고 도는 생명의 수레바퀴

어리석은 사람이 꿈에서 깨어나는 열두 가지 인연법칙이 있는데
그것을 12연기라 한다. 열두 가지 인연법을 또렷이 깨달아야
자기만 알고 자기만 고집하는 그릇됨에서 벗어나
나만을 내세우지 않고〔無我〕 자기 것만을 고집하지 않는〔無所有〕
해탈세계에 이르게 된다.

- 윤회의 괴로움에서 벗어나는 길 -

1. 육도중생을 위한 기도

티벳 불자들은 새해 초에 오체투지의 성지순례를 한다. 온몸을 땅 위에 던지면서 그 사람들을 염원하는 간절한 기도는 자기의 소원이나 집안의 행복이 아니다. 조국 티벳의 독립도 아니다.

티벳 불자들은 여섯 갈래의 존재계에 윤회하는 중생들이 모두가 괴로움에서 벗어나 열반에 이르기를 축원한다. 그 사람들은 윤회하는 세계 속에서 얻는 행복과 권력과 재산 같은 것은 모두 참된 것이 아니고 괴로움만이 있을 뿐이라고 믿는다. 삶의 괴로움과 슬픔에서 벗어나는 길은 삼보에 귀의하여 스승의 가르침에 따라 공덕을 쌓고 깨달음을 얻는 데 있다고 본다.

2. 마음속의 세 마리 짐승, 세 가지 독

앞쪽 탕카(티벳 절의 벽화나 탱화를 이르는 말)는 티벳 절

어귀마다 그려 놓은 벽화다. '생명의 수레바퀴'라고 일컫는 이 그림은 욕심, 성냄, 어리석음의 세 가지 독으로 선업과 죄업을 쌓고 그 결과 끝없이 여섯 갈래를 윤회한다는 것을 보여준다.

맨 가운데 동그라미를 보면 세 마리 짐승이 서로 꼬리를 물고 시계바늘 가는 쪽으로 돌고 있다.

수탉은 뽐내기 좋아하고 인정받고 싶어하는 사람의 탐냄과 애욕을 나타내고, 독뱀은 미움과 샘냄처럼 다른 이를 해치려고 하는 원한과 분노를, 돼지는 사성제와 삼세인과 같은 진리를 모르는 모든 번뇌의 뿌리인 어리석음을 뜻한다.

바로 이 세 마리 짐승이 사람의 마음속에 살면서 여섯 갈래를 떠돌아 괴로움을 겪게 하는 뿌리가 된다. 그러니 괴로움과 두려움이 끝이 없는 윤회를 벗어나 깨달음을 얻고자 한다면 다시 태어나게 하는 원인을 없애야 하는데, 그러려면 이 세 마리 짐승을 원수처럼 여기고 잘 다스려야 한다.

두 번째 동그라미 오른쪽은 세 마리 짐승의 힘에 끌려 다니면서 어둠의 지옥으로 떨어지는 그림인데 이 세계는 나쁜 업과 나쁜 인연으로 맺어진 검은 업의 세계다.

동그라미 왼쪽 그림은 선지식을 만나 육도윤회의 괴로움을 깨닫고 아미타불의 원력과 공덕을 믿어 '나무아미타불'을 염불하면 죽을 때 부처님의 가피력으로 윤회세계에서 벗어나 극락정토에 태어나는 내용이다.

그림 오른쪽 윗그림은 석가모니부처님께서, 괴로움을 겪는 중생들이 해탈을 얻고자 한다면 마땅히 '나무아미타불'을 염불하여 아미타불의 극락정토에 태어나도록, 오른손을 들어 해탈의 바른 길을 가르치고 계시는 내용이다.

왼쪽 윗그림은 아미타불의 극락정토다. 죽을 때 바른 마음으로 '아미타불'을 염불하면 아미타불의 은빛광명의 길을 타고 곧바로 극락정토에 태어남을 보여준다.

3. 여섯 갈래의 중생 세계, 육도윤회

그림 가운데 있는 여섯 개 그림은 여섯 갈래의 윤회 세계를 뜻한다.

위쪽에는 계율을 지키고 공덕을 쌓아 태어나는 천상세계가 있고, 그 오른쪽에는 나고 늙고 병들어 죽는 것을 끝없이 되풀이하는 사람 세계가 있다. 그 아래에 만족을 모르고 끝없이 욕심을 부리다가 떨어지는 굶은 귀신(아귀)의 비참한 세계가 있다. 맨 아래 가장 큰 그림은 지옥세계의 여러 가지 괴로운 모습이다. 지옥 왼쪽에는 네 발 달린 짐승과 물고기, 새 같은 축생들의 세계가 있고, 그 위에는 샘냄과 싸움의 업보로 태어나는 아수라 세계가 있다.

우리가 사는 지구뿐 아니라 우주법계의 모든 생명들은 스스로 지은 선악의 업보에 따라 여섯 갈래의 세계에 끝없이 태어나게 된다. 이러한 육도윤회의 세계에서 벗어나는 데는 두 가지 큰 길이 있다. 첫째는 자기 수행의 힘으로 다시 태어나는 원

인을 없애 열반에 이르는 성도해탈문(成道解脫門)이고, 둘째
는 아미타불의 원력에 기대어 육도윤회에서 바로 벗어나는 왕
생정토문(往生淨土門)이다.

불교의 가르침에서는 현실세계에서 착한 일을 하는 것보다
윤회하는 세계에서 벗어나 윤회하는 중생들을 구해주는 일을
으뜸으로 친다. 꿈 속에서 착한 일을 하려고 애쓰기보다는 꿈
에서 깨어나는 일이 중요한 일이기 때문이다.

어리석은 사람이 꿈에서 깨어나는 열두 가지 인연법칙이 있
는데 그것을 12연기라 한다. 열두 가지 인연법을 또렷이 깨달
아야 자기만 알고 자기만 고집하는 그릇됨에서 벗어나 나만을
내세우지 않고〔無我〕 자기 것만을 고집하지 않는〔無所有〕 해
탈세계에 이르게 된다.

4. 열두 가지 인연법칙, 12연기

육도윤회의 여섯 개 그림을 둘러싸고 있는 열두 개의 그림은
12연기법을 상징한다.

시계바늘 도는 쪽으로 첫번째 그림은 어리석음인 '무명(無
明)'을 뜻한다. 눈 먼 늙은이 그림은 빛이 없는 어둠의 상태,
삼세인과와 사성제 같은 진리의 가르침에 어두워 사물의 도리
를 알지 못하는 처음의 한 생각을 나타낸다.

두 번째 그림은 행위를 뜻하는 '행(行)'을 나타낸다. 짐 나

르는 사람 그림은 업보가 만들어짐, 곧 어리석음으로 말미암아 집착하는 대상을 실제화하는 현선작용을 나타낸다.

세 번째 그림은 분별작용인 '식(識)'을 나타낸다. 나무 위의 원숭이 그림은 개체가 만들어지면 자기를 가운데 두고 분별작용을 계속하는 인식이 생겨남을 뜻한다.

네 번째 그림은 정신과 물질이 하나로 맞붙는 '명색(名色)'을 나타낸다. 나룻배에 두 사람이 타고 있는 그림은 정신적인 명(名)과 물질적인 색(色)이 결합하는 것을 뜻하는데, 명색은 식(識)을 인연으로 하여 생긴다.

다섯 번째 그림은 여섯 가지 감각기관인 '육입(六入)'을 나타낸다. 창문이 여섯 개 달린 집 그림은 눈, 귀, 혀, 몸, 뜻의 여섯 가지 감각기관(六入六根)을 뜻하는데, 위의 명(名)과 색(色)이 결합하면 이 감각기관이 생긴다.

여섯 번째 그림은 감촉기관인 '촉(觸)'을 나타낸다. 다정한 여자와 남자 그림은 감각기관이 경계를 만나 느끼는 감촉작용을 상징한다.

일곱 번째 그림은 느낌작용인 '수(受)'를 나타낸다. 눈에 화살 맞는 사람 그림은 느낌으로 말미암아 생기는 즐거움과 괴로움 등 모든 느낌을 뜻한다.

여덟 번째 그림은 이성을 그리는 감정인 '애(愛)'를 나타낸다. 술 취한 사람을 여자가 시중들고 있는 그림은 즐거운 느낌에 따라 즐거움의 대상을 끝없이 갈구하는 눈 먼 욕망을 상징한다.

아홉 번째 그림은 자기 것으로 만들고자 하는 욕망인 '취(取)'를 나타낸다. 과일 따는 사람 그림은 욕망으로 말미암아 자기가 바라는 대상을 자기 것으로 만들려는 마음의 움직임을 뜻한다.

열 번째와 열한 번째 그림은 나고 죽음을 되풀이하는 존재가 만들어지는 '유(有)'로 말미암아 생명이 태어남을 상징한다.

열두 번째 그림은 삶의 여러 가지 괴로움, '노사우비고뇌(老死優悲苦惱)'이다. 송장 나르는 사람 그림은 태어남으로 말미암아 삶의 갖가지 괴로움과 슬픔이 생기는 것을 뜻한다.

12연기법은 모든 현상이 서로 관련되어 존재하고 인연 따라 일어난다는 인연생기(因緣生起)의 가르침이다. 그것은 모든 사물의 실재를 인정하지 않는 무아사상을 뒷받침해 주는 이론이다. 12연기설은 중생들이 업력에 따라 삼세에 걸쳐 끝없이 나고 죽음을 되풀이하는 과정을 사실에 뿌리를 두고 12개로 나누어 관찰하는 법이다.

모든 괴로움과 불행의 원인이 진리를 모르는 어리석음으로 말미암아 일어난다는 것이 12연기의 가르침이다. 불행한 사람은 어리석은 값을 치르고 있는 것이다.

《대품반야경》에서는 이렇게 말씀하신다.

"사람의 큰 죄는 어리석음이다. 불행과 괴로움은 어리석음의 값음이다."

부처님의 가르침을 잘 이해하여 진리의 삶을 사는 것이야말로 참된 행복이 아닐 수 없다.

모든죄업 참회하고 나쁜습관 바꾸어서
이몸이제 맑고맑은 보살의길 닦으리라
아침이슬 우리인생 모든슬픔 사라져라
사람의삶 뜻이없다 어느누가 말했던가
비우고또 맑히는일 우리행복 아니던가
南·無·阿·彌·陀·佛

연종(蓮宗)의 큰 스승들

- 첫 번째 스승   혜원 화상
- 두 번째 스승   선도 화상
- 세 번째 스승   승원 대사
- 네 번째 스승   법조 국사
- 다섯 번째 스승   소강 대사
- 여섯 번째 스승   영명 화상
- 일곱 번째 스승   성상 율사
- 여덟 번째 스승   주굉 대사
- 아홉 번째 스승   실현 법사
- 열 번째 스승   철오 선사

첫 번째 스승
혜원화상(335~417)

정토법문을 처음 여시고
정토수행자들의 첫 공동체인
〈백련사(白蓮寺)〉를 만드시니
천하의 수행자와 선비들이 엎드려 귀의했다.
늘 말씀하시기를 "한결같이 사유하고
허튼 생각을 길이 쉬라(思專想寂)."
하셨으니 이는 염불수행의 길목이자
비밀스런 요지다.

스님의 이름은 혜원(慧遠 : 335~417)으로 성은 가(賈)씨
요, 안문(雁門)의 루번(樓煩)에서 태어났다. 어릴 때부터 배우
기를 좋아해 여러 학문에 두루 통해 막힘이 없었으니 특히 노
장학(老莊學)에 그러했다.

때에 도안(道安)선사가 태행(太行)의 항산(恒山)에 절을 세
우고 널리 가르침을 폈다. 스님은 기쁜 마음으로 달려가 불법
(佛法)에 귀의하고 《반야경》 강의를 듣다가 홀연히 깊은 깨달
음을 얻었다. 이런 뒤로 골똘히 사색하고 큰소리로 경전 외우
기를 밤낮없이 하니 스승인 도안선사는 이렇게 찬탄했다.

"천하에 부처님의 가르침을 펼칠 이가 어찌 저 혜원이 아니
겠는가!"

전진(前秦) 건원(建元) 9년(373), 전진의 부비가 양양에 쳐
들어와 스승인 도안법사를 모시고 돌아감에 스님은 제자들과
함께 형주 땅으로 옮겼다.

진(晉)나라 태원(太元) 6년(381), 나부산으로 가는 길에 심
양 땅을 지나던 스님은 편안하고 품안이 넓은 여산(廬山)을 둘
러보고 머물만한 곳으로 여겨 적은 정사(精舍)를 세우고 용천
사(龍泉寺)라 이름했다. 그때에 스님보다 먼저 여산 서쪽에 자
리를 잡고 머물고 있던 혜영(慧永)선사가 함께 지내자고 했으

나 스님을 따르는 대중들의 숫자가 나날이 늘어남에 그리할 수 없었다. 혜영스님은 스님의 동문이었다. 이에 자사(刺史)벼슬을 하던 환공(桓公)이 스님을 위해 여산 동쪽에 동림사(東林寺)라는 절을 세웠다.

스님은 이 절에서 많은 대중들을 거느리고 가르침을 펼쳤다. 법당 앞에 방죽을 파고 연을 심었는데 물 위로 열두 잎 연꽃이 피어나 물결을 따라가며 빙글빙글 도니 온 대중이 그 연꽃을 보면서 하루를 밤과 낮, 시간시간으로 나누어 수행했다. 오래지 않아 천지 사방에서 깨끗한 믿음을 지닌 선비들이 이 소문을 듣고 달려와 스님께 절하니 모두 123명이었다.

스님은 "어진 선비들이 이 곳까지 오셨으니 어찌 저 극락정토에 뜻이 없다 하리요." 하시고 극락세계 부처님 세 분의 모습을 그려 모시고 재계(齋戒)하고 정토수행을 함께 할 모임인 백련사(白蓮社)를 만들었다. 또 유유민(劉遺民)에게 발원문을 짓게 하여 빗돌에 새기도록 하시니 그 때에 왕교지(王喬之)를 비롯한 많은 사람들이 염불삼매를 이루고 말겠다는 굳은 다짐을 시로 지어 올렸다. 이에 스님은 머릿글을 지어 이렇게 말씀하셨다.

"삼매란 무엇인가. 한결같이 하고 허튼 생각을 길이 쉼을 말한다. 사유를 한결같이 하면 뜻이 하나가 되어 갈라지지 않고 허튼 생각을 길이 쉬면 기운이 텅 비어 정신이 밝아진다. 기운이 텅 비면 앎의 빛을 늘 알고, 정신이 밝아지면 사무치지 않는 구석이 없으리라. 이 두 가지가 한 덩어리임을 알아야 그 작용이 바름을 얻게 되리라.

삼매에는 여러 가지가 있으나, 공덕이 드높고 앞으로 나아가기가 쉬운 삼매로는 염불삼매가 으뜸이다.

왜냐하면 근원의 근원이요, 고요함의 고요함인 부처님의 이름은 신령스러움을 겪어 알게 하고 바뀌는 흐름과 하나되게 하니 참으로 이는 다만 방편만이 아니기 때문이다.

염불삼매에 한번 든 이는 모든 알음알이가 다 사라져 대상마다 법계의 참모습을 비춰 주는 크나큰 거울이 된다. 이 거울은 맑은지라 밝고 밝게 안을 비춰 만 가지 진실한 모습이 함께 드러나니 귀나 눈으로 듣고 보고 행할 바가 아니다. 이 삼매 속에서는 신령스런 모습이 한결같이 드러나고, 세계가 있는 그대로 티없이 밝아진다. 또한 본디 목소리가 마음을 울려 안팎으로 막힌 기운을 열고 밝혀 주니 천하에 신묘한 보배가 아니고서야 어찌 이와 같을 수 있겠는가.

그러니 이 가르침을 받드는 어진 이들은 늘 함께 수행하는 이 아름다운 모임을 생각하고 흘러가는 시간의 덧없음에 깨어 있어야 한다. 또 쌓아놓은 공부 없음을 두려워할 줄 알아 마음의 법당을 쌌고 몸과 마음을 맑게 해서 밤에는 잠을 잊고 새벽에는 일찍 일어나 부지런히 수행해야 한다. 이렇게 하여 부처님께로 가는 공을 이루기를 다짐하고 삼승의 진실한 뜻을 꿰뚫어야 하리라.

우러러 바라노니 한 걸음에 번뇌의 뿌리를 뽑고, 뒤처진 이는 이끌어 함께 나아갈 것이라. 뒤에서 채찍을 들고 대중을 살피려는 간절한 뜻에서 이와 같은 말을 하는 것이니 어찌 한낱 글에 지나지 않는 말쯤으로 여길 것인가."

강동(江東)지방에는 없는 경전이 많았다. 스님은 제자를 파미르 고원 너머 인도로 보내 많은 경전을 들여와 관중(關中)지방에 전하고, 있던 경전과 율장도 찍어서 여산의 여러 절에서 모시도록 하니, 이때 찍은 경전이 백 권이 넘었다. 스님은 《법성론(法性論)》을 지어 열반의 영원함을 밝혔는데, 구마라습 스님은 이 책을 보고 이렇게 감탄했다.

"중국에는 아직 부처님의 가르침을 바르게 아는 이가 없는 줄로만 알았는데 깊은 산 속에 묻혀 살면서도 이토록 바른 가르침과 하나가 된 이가 있었다니!"

스님은 서른 해를 산 속에 머물러 계시면서 세속에는 한 번도 발걸음을 하지 않았다. 오로지 정토수행에 온 힘을 바쳤으니 염불로 마음을 밝히면서 정토와 부처님만을 생각할 뿐이었다. 스님은 정토의 불보살님들을 세 번 뵌 적이 있었으나 홀로 기꺼워할 뿐 한 번도 드러내어 말씀하신 적이 없었다.

의희(義熙)12년(416) 7월 그믐날 밤이었다. 반야대(般若臺)에서 삼매에 들어 계시던 스님은 둥근 광명 속에 관세음보살과 대세지보살을 거느리고 허공에 몸을 가득 채우신 아미타부처님을 뵈었다. 맑게 흐르는 광명은 열네 줄기로 갈라지기도 하고 위아래로 모여들기도 하면서 괴로움과 덧없음과 나 없음의 진리를 밝게 일러 주고 있었다.

아미타부처님은 이렇게 말씀하셨다.

"일찍이 내가 세운 원력에 따라 이제 너를 편안케 해 주리니 너는 이레가 지난 뒤 내 나라에 태어나리라."

또 옛날 함께 정진하다 먼저 떠난 불타야사, 혜지(慧持), 혜영(慧永), 유유민 같은 이들도 부처님 곁에 서 있다가 두 손을 모으고 말했다.

"스님께서는 일찍부터 정토에 나길 발원하셨는데 정토에 오심이 어찌 이렇게 늦사옵니까?"

스님은 제자인 법정(法淨)과 혜보(惠寶)를 불러 일렀다.

"여산에 머문 서른 해 동안 세 차례 부처님을 뵈었는데 오늘 또 부처님을 뵈었으니 이제 정토로 가야겠다."

그리고는 제자들에게 주실 마지막 가르침을 글로 쓴 뒤 단정히 앉아 열반에 들었다. 때는 의희 12년(416) 8월 초엿새날이었다.

따르던 제자들이 스님을 서쪽 산 탑 속에 모셨고 사영운(謝靈雲)과 종병(宗炳)은 저마다 스님의 덕을 기리는 글을 지어 빗돌을 세웠다. 스님의 《여산집(廬山集)》열 권은 지금도 널리 읽히고 있다.

두 번째 스승

선도화상(613~681)

혜원화상께서 떠나신 지 2백 년 뒤에 오시어
크게 연종의 빛을 밝히시니 세상사람들은 스님을
'아미타부처님의 화신'이라 불렀다.
늘 이렇게 말씀하셨다.
"염불하면 열이면 열, 백이면 백이 정토에 태어난다.
다른 수행으로는 백에 한둘, 천에 서넛만이
해탈할 수 있을 뿐이다. 왜 그런가.
아미타불께서 세우신
본디 원이 그렇기 때문이다."

연종의 두 번째 조사는 선도(善導 : 613~681)스님이다. 태어난 곳은 잘 알 수 없으나, 산동성 임치(臨淄)라는 말도 있고 안휘성 우태(旴胎)라는 말도 있다. 성은 주(朱)씨, 호는 종남(終南)대사로 세상사람들은 아미타불의 화신이라 불렀다. 어릴 때 명승(明勝)법사에게 출가하여 《법화경》,《유마경》 같은 여러 대승경전을 공부했다. 뒷날 《관무량수경(觀無量壽經)》을 보다가 슬픔과 기쁨이 함께 터져나오니 이로부터 16관(十六觀)수행을 하게 되었다.

당나라 태종 정관 15년(641), 스님은 서하(西河) 땅의 정토 구품도량(淨土九品道場)인 현중사(玄中寺)를 찾아가 도작(道綽)선사를 뵙고 방등참법(方等懺法)을 배워 익히고 《관무량수경》 강론(講論)을 들었다.

스님은 기쁨에 겨워 이렇게 말씀하셨다.

"이 가르침이야말로 번뇌를 떠나 부처를 이루는 가장 빠르고 알찬 길이니 다른 수행으로는 이루기가 어렵다. 오로지 이 법문만이 삶과 죽음을 단숨에 뛰어넘을 수가 있다."

이로부터 스님은 오로지 염불수행에만 온 힘을 쏟았다.

쉼없이 정밀하게 지어나가는 수행으로 오래지 않아 염불삼매에 들었고 이 삼매 가운데서 정토의 갖가지 모습을 훤히 볼 수 있었다. 스님은 장안(長安)에 있는 광명사(光明寺)에서 정토법문을 폈다.

스님의 염불수행은 정밀하고 엄격했으니 늘 합장하고 끓어 앉아 한마음으로 염불하기를 힘이 다하지 않는 한 그만두지 않았다. 서른 해 넘게 잠을 자지 않았고 눈을 들어 여자를 바라보지 않았으니 좋은 음식이나 옷가지들은 대중에게 돌리고 스스로는 거친 음식과 낡은 옷을 즐길 뿐이었다. 모인 시주돈으로 《아미타경》을 십만 권 넘게 찍어 보시하고 삼백 개가 넘는 절에 정토변상도를 그려 모시게 하였고 무너진 탑과 절을 보면 반드시 다시 세웠다.

이렇듯 크게 교화의 바람을 일으키니 도시사람이건 시골사람이건, 출가한 스님이건 흰 옷을 입은 마을사람이건 보고 듣는 이마다 스님의 덕을 사모하지 않는 이가 없었다. 그 사람들 가운데는 《아미타경》을 십만 번이나 십오만 번을 독송한 이, 날마다 아미타불을 만 번이나 십만 번 염불하는 이, 염불삼매를 얻어 정토에 태어난 이가 이루 다 헤아릴 수가 없었다.

어떤 이가 여쭈었다.

"염불하면 정토에 태어납니까?"

스님은 대답했다.

"그대가 생각하는 대로 되고 그대가 바라는 대로 되느니……."

또 여쭈었다.

"무슨 까닭으로 관(觀)하라 이르시지 않고 오로지 부처님의 이름만을 부르라 하십니까?"

"중생은 업장이 무거워 경계에 약하고 마음이 거친지라 알음 알이는 이리저리 나부끼고 정신은 쉼없이 드날리니 관(觀)으로 공부를 성취하기가 매우 어렵다. 이런 까닭으로 부처님께옵서 중생을 가엽게 여겨 바로 이름만을 부르게 하신 것이다.

부처님 이름을 부르는 공부는 누구나 할 수 있는 쉬운 길이기에 부르기만 하면 끊임없이 공부가 이어지니 이와 같이 생각 생각이 이어지면 목숨을 마칠 때 열이면 열 정토에 태어나고 백이면 백 정토에 태어난다. 왜 그런가? 밖으로 잡된 반연이 사라져 바른 생각을 얻을 수 있기 때문이고, 부처님께서 처음 세우신 원력과 하나가 되기 때문이고, 가르침과 어긋남이 없기 때문이고, 부처님의 말씀에 그대로 따르기 때문이다.

그러니 만약 오직 염불만 하는 이, 공부를 버리고 다른 길을 닦는 이는 백 명 가운데 한두 명도 얻기 어려울 것이고 천 명 가운데 서너 명도 이루기 어려울 것이다. 왜 그러한가? 잡된 반연에 어지럽게 움직이기 때문이고, 처음 세우신 부처님의 원력과 하나가 되지 않기 때문이고, 생각이 하나로 이어지지 않기 때문이고, 부처님의 은혜에 감사하는 마음이 이어지지 않기 때문이고, 비록 수행을 한다고 하나 늘 이름이나 이익을 바라기 때문이고, 비록 수행을 한다고 하나 잡된 반연 가운데 노닐면서 정토에 태어나는 바른 길에 스스로에게도 걸림새가 되고 다른 이에게도 걸림새가 되기 때문이다.

원하노니 모든 중생이 스스로 생각해서 가고 머물고 앉고 누움에 한사코 마음을 굳세게 하여 몸뚱이를 이겨내기를 바란다. 그렇게 염불하기를 밤과 낮이 없이 하여 목숨이 다하기를 기약해서 앞생각에 목숨이 다하면 뒷생각에 바로 정토에 태어나 다함없는 열반의 기꺼움을 받고 부처를 이룰 것이니 이 아니 통쾌한 일인가."

스님은 염불하여 정토에 태어나기를 권하는 노래를 지었다.

닭가죽 학머리 이 몸 시들어 가노니
걸음걸음 가는 세월 큰 눈으로 보아라
금과 옥 갖은 보물 집안에 가득한들
늙고 병드는 이 괴로움 면할 수 있을까
갖가지 즐거움을 갖춰서 누린다 해도
죽음은 어느덧 그대 앞에 다가오리
갈길은 오로지 수행하는 일뿐이니
아미타불 이 한 생각 놓치지 마세나

스님은 또 목숨을 마칠 때 지녀야 할 바른 생각을 이렇게 말씀하셨다.

"죽어 정토에 태어나기를 바라는 이는 결코 죽음을 두려워해서는 안 된다. 이 몸은 괴로움 투성이고 깨끗치 못하고 온갖 나쁜 인연으로 얽히고 설켜 있다. 이 더러운 몸을 버리고 정토에 태어나 다함없는 즐거움을 누리고, 나고 죽음의 괴로움에서 벗어남은 누구나 바라는 일이다. 죽음이란 낡은 옷을 벗어 던지고 아름다운 옷으로 갈아입는 일과 같으니, 몸과 마음을 놓아 버리고 끄달리는 마음을 일으키지 마라.

몸이 아프면 덧없음을 생각하면서 한마음으로 죽음을 기다 릴 것이니 가족이나 문병온 이들에게 염불해 주기를 청하라. 죽음을 앞둔 병자에게 쓸데없는 이야기나 이런저런 집안 이야 기를 해서는 안 된다. 또 달래는 말이나 상냥한 말이나 기원하 는 말을 하는 것도 다 헛되고 도움이 되지 않는다. 아픈 이가 죽음에 들 때는 울부짖거나 탄식하는 소리를 내어 죽는 이의 정신을 어지럽게 만들어 바른 생각을 잃어버리게 해서는 안 된 다. 오직 아미타부처님의 이름만을 지닌 채 목숨을 마치게 해야 한다. 정토법문에 밝은 이가 찾아와 힘써 주면 이보다 더 다행 스러움이 없을 것이니, 정토법문으로 잘 이끌어 주면 결정코 정토에 태어나게 될 것이다.

죽는 일이야말로 참으로 큰 일이다. 여러분은 이 일을 위해 있는 힘을 다해야 할 것이다. 한 생각 그르치면 만 겁토록 괴로 움을 받을 것이니 누가 이 괴로움을 대신해 줄 것인가. 생각하 고 또 생각할지어다."

스님이 '아미타불' 하고 염불할 때면 그때마다 백 번이건 천 번이건 입에서 밝은 빛덩어리가 터져 나왔다.

스님은 어느 날 느닷없이 "이 몸은 더 이상 아낄만한 물건이 못 되니 나는 이제 정토로 돌아가리라." 하고는 절 앞에 서 있 는 버드나무에 올라 서쪽을 바라보고 서서 "부처님, 저를 받아 주시고 보살님, 저를 도와 주소서. 바른 생각을 잃지 않고 정토

에 나게 하소서." 하며 축원했다. 그리고는 바로 몸을 던져 열
반에 들었다.

이 소식을 들은 고종은 스님이 머무시던 절에 광명사(光明
寺)라는 이름을 올렸다. 스님이 염불하실 때마다 입에서 빛이
터져 나왔기 때문이다.

세 번째 스승
승원대사(712~802)

깡마른 몸매에 땟국에 절은 얼굴로
사바의 티끌 속에서도 늘 삼매를 여의지 않는 스님.
부처님을 모시고 곁에 서 계셨으니
그림자 없이 수행해
남 몰래 깨달으신 스님일세.

연종의 세 번째 조사인 승원(承遠 : 712~802) 스님은 사천성(四川省) 광한(廣漢) 분으로 성은 사(謝)씨다. 처음 출가해서는 성도(成都)의 당공(唐公)에게 불법을 배웠는데 뒤로 자천(資川)의 선공(詵公)을 거쳐 현주당 옥천사(玉泉寺) 진공(眞空)에게 나아가 공부했다. 진공은 스님으로 하여금 형산(衡山)에 머물면서 가르침을 펴게 하시니 찾아와 가르침을 받는 이가 헤아릴 수 없이 많았다.

형산에 처음 들어가서는 산 서남쪽에 자리한 큰 바위 밑에 머물렀는데 누군가 먹을 거리를 가져다 주면 먹고 가져다 주지 않으면 흙으로 목숨을 이었다. 깡마른 몸매에 땟국물 투성이인 얼굴로 땔나무 등짐을 지고 다니면서 가르침을 폈는데 그 가르침은 중도(中道)에 뿌리를 둔 친절한 방편법으로, 듣는 이마다 쉽고 빠르게 큰 안락을 얻었다.

스님은 오로지 염불법문만을 설하셨는데 길바닥 위에 가르침을 적어 두기도 하고 골짜기 바위에 새겨 두기도 했다. 이렇듯 그 자비로운 교화를 크게 펼치니 스님이 아무런 말씀이 없는데도 사람마다 옷감이며 돌과 나무를 짊어지고 올라와 바위 밑에 절을 세우게 되었다. 스님은 이 절 이름을 미타사라 하고 배고프고 몸이 아픈 이들을 모아 힘을 다해 돌보았다.

법조(法照)라는 스님이 있었다. 이 스님이 여산에 머물면서 수행할 때였다. 깊은 삼매 속에서 정토를 보았는데 다 해진 옷을 입은 한 스님이 아미타불을 모시고 있었다. 부처님이 말씀하시기를 "이 사문이 바로 형산에 머물고 있는 승원이다." 하셨다.

삼매에서 깨어난 법조스님은 형산으로 달려가 스님을 뵈었는데 그 생김새가 삼매 속에서 본 스님과 다름이 없었다. 이때부터 법조스님은 스님의 가르침을 받아가며 수행했다. 법조스님은 뒷날 대종(代宗) 황제 때 국사(國師)가 된 스님이다.

스님의 뛰어난 덕은 이루 다 밝히고 헤아릴 길이 없으니 황제도 예배하고, 계시는 곳을 반주도량(般舟道場)이라 이름해 올렸다.

당나라 정원(貞元) 18년(802) 7월 열아흐렛날, 계시던 절에서 편안히 열반에 드니 세상 나이 아흔한 살이었다. 유종원(柳宗元)이 지은 글을 빗돌에 새겨 절 어귀 오른쪽에 세웠다.

네 번째 스승

법조국사 (?~?)

문수보살의 가르침에 따라
염불법문을 펼치신 스님.
중생의 눈으로 오대의 거룩한 경계를 보셨으니
수없는 겁 동안 만나기 어려운 경계가 아닌가.
오탁악세에 빛을 밝혀 주시려 오신
큰 보살의 화신인저.

법조(法照)스님은 정토종의 네 번째 조사다. 태어난 곳이며 태어나고 열반한 해가 언제인지는 잘 알 수 없다.

대력(大曆) 2년(766), 스님이 형주(衡州) 운봉사(雲峰寺)에서 부지런히 수행할 때의 일이다. 승당에서 죽공양을 드시는데 죽을 담은 발우 속에 상서로운 오색 구름이 보이고 그 구름 속에 그윽한 절이 드러났다. 이 절 동북쪽으로 개울물이 흐르는 산이 있고 북쪽에는 돌문이 있는데 이 돌문을 들어서면 '대성죽림사(大聖竹林寺)'라 써 붙인 절이 있었다.

다음 날에도 똑같은 풍경이 발우 속에 보였다. 연못이며 누각이며 수많은 보살들의 모습도 보였다.

스님은 이 일을 여러 선지식들에게 물어보았다. 이 말을 들은 한 스님은 이렇게 대답했다.

"참으로 거룩하고 신비한 분들의 변화요 조화이니, 어떻게 사람의 감정과 알음알이로 알 수 있으리오. 그 산의 생김새로만 보면 오대산이 틀림없다."

대력 4년(768), 스님은 한 고장에 있는 절인 호동사(湖東寺)에서 오회염불도량(五會念佛道場)을 열었다. 이때 스님은 삼매 속에서 상서로운 구름이 짙게 깔리고 아름다운 누각이 그 구름 속에 있는 모습이며 허공을 꽉 채우고 계시는 금빛 몸의 아미타불과 관음세지 두 보살, 형주 고을 온 백성들이 모두 나와 향을 올리고 예배하는 모습을 보았다.

이런 일이 있은 뒤로 산길을 거닐던 스님은 한 노인을 만났다. 그 노인이 말했다.

"스님은 일찍이 저 금빛나라에 태어나 아미타불과 수많은 성중(聖衆)께 예배드리겠다는 소원을 세웠으면서 이제는 왜 그 원과 수행을 그만두시는 겁니까?"

말을 마친 노인은 어느 새 사라지고 없었다.

스님은 함께 수행하던 도반 몇몇과 오대산으로 떠났다. 다음 해 4월 초엿샛날, 오대현(五臺縣)에 있는 불광사(佛光寺)에 이르렀는데 이 날 한밤중에 야릇한 빛이 스님의 몸을 비추는지라 이 빛줄기를 따라 50리를 넘게 가니 문득 한 산이 나타났다. 산자락을 따라 맑은 개울물이 흐르고 이 개울 북쪽으로 돌문이 하나 있는데, 이 문에서 선재(善財)와 난다라고 하는 두 동자를 따라 안으로 들어가니 대성죽림사라는 현판이 걸린 절이 나타났다. 그 생김새와 풍경이 예전에 발우 속에서 본 그 절과 다름이 없었다. 금빛 땅 보배로 된 나무숲을 지나 절 안에 있는 큰 강당으로 들어가니 수많은 대중에 에워싸여 높은 사자좌 위에서 설법하고 계시는 문수보살과 보현보살의 모습이 보였다.

스님은 예배하고 두 보살께 여쭈었다.

"지금은 부처님께서 떠나신 지도 아득한 말세입니다. 저의 지혜는 보잘것 없고 번뇌는 깊고 깊어 부처님의 성품이 드러날 길이 없습니다. 부처님의 가르침은 넓고 넓어서 어떤 가르침을 따라 수행할지 알 길이 없습니다. 가장 고갱이가 되는 가르침은 무엇입니까?"

문수보살이 대답하셨다.

"지금은 그대가 염불수행을 할 때다. 여러 수행문 가운데 염불수행만한 것이 없으니 염불로 삼보께 공양 올리고 복과 지혜를 함께 닦아 나아가라. 이 두 가지 길이 가장 고갱이가 되는 가르침이니 나는 지나온 겁 동안 관불(灌佛)하고 염불하고 공양해서 모든 지혜를 얻었느니라. 염불하면 모든 일이 반야바라밀의 깊은 선정(禪定)이 되나니 모든 부처님들도 염불수행을 하시어 부처님이 되셨다. 그러니 염불이야말로 모든 수행 가운데 으뜸가는 수행임을 알아야 한다."

"염불수행은 어떻게 하는 것입니까?"

스님이 다시 여쭈니 문수보살이 말씀하셨다.

"이 세계 서쪽에 아미타불께서 계시니 이 부처님의 원력은 참으로 헤아릴 수가 없다. 그대는 이 부처님을 생각하기를 끊어짐 없이 하라. 그러면 목숨이 다한 뒤 반드시 정토에 태어나 다시는 물러섬이 없으리라."

이 말씀을 마치고 문수·보현 두 보살이 함께 금빛 손을 펴더니 스님의 머리를 만져 주면서 말씀하셨다.

"그대는 염불수행으로 머지않아 위없는 깨달음을 이루게 되리라. 선남선녀가 빨리 부처를 이루는 데는 염불만한 수행이 없다. 염불하면 바로 위없는 깨달음을 이루리라."

스님은 이같은 설법을 듣고 기쁜 마음으로 예배하고 자리에서 물러나와 두 동자들을 따라 절문 밖으로 나왔다. 절문을 나와 뒤돌아보니 절은 온데간데없이 사라지고 없었다. 스님은 돌로 절이 있던 곳에 표시를 해 두었다.

다시 4월 열사흗날, 스님은 50명이 넘는 스님들과 함께 금강굴(金剛窟)을 찾아가 53불(佛)의 이름을 부르면서 예배했다. 스님이 열 번째 예배를 올릴 때 홀연히 넓고 깨끗한 유리궁전에 문수·보현 두 보살이 앉아 계시는 모습이 보였다.

뒤로 스님은 혼자서 금강굴을 찾아가 엎드려 절하면서 다시 두 보살님 뵙기를 소원하니 불타파리라는 인도 스님이 나타나 스님을 한 절로 이끌었다. 이 절은 금강반야사(金剛般若寺)라는 절로, 야릇한 보배로 꾸며지고 온갖 광명이 두 눈을 부시게 했다.

스님은 비록 이와 같은 신령스런 일을 여러 번 많이 겪었지만 그 사실을 누구에게도 말하지 않았다.

이 해 섣달, 화엄사의 염불도량에 들어가 음식을 끊고 결정코 정토에 태어나기를 발원하며 염불했다. 이레째 되던 이른 밤, 한마음으로 염불하고 계시는데 한 인도 스님이 나타나 말하기를 "스님은 왜 환히 보신 오대산의 경계를 다른 이들에게 말씀하지 않습니까?" 하고는 곧 사라져 버렸다.

스님이 이상하게 여겼는데 다음 날도 그 인도 스님이 나타나 똑같이 묻는지라 스님이 대답했다.

"비밀스럽고 거룩한 경계를 함부로 말해 자칫 헐뜯는 마음을 일으키게 할까 두려웠기 때문입니다."

그러자 인도 스님이 말했다.

"지금 이 산중에 계시는 문수보살께서도 사람들이 헐뜯는 것을 꺼려하지 않으시거늘 스님은 왜 그것을 슬프고 안타깝게 여기십니까? 오직 보신 경계만을 사람들에게 일러 주어 듣는 이들로 하여금 보리심을 내게 하시사 독 묻은 북의 인연을 짓게 하십시오."

이 일이 있은 뒤 스님은 보셨던 기억들을 되살려 하나하나 글로 적어 세상사람들에게 일러 주셨다.

이듬해 강동(江東) 땅에서 온 혜종(慧從) 스님과 화엄사에 사는 여러 대중들이 스님을 따라 금강굴과 돌을 세워 표시해 두었던 곳을 찾아가 우러러 예배하니 그 슬퍼하고 기뻐하는 마음이 다할 줄을 몰랐다.

그때에 대중들이 홀연히 범종소리를 들었는데 그 소리가 너무나 아름다운지라 영락없는 음악소리였다. 대중들은 더욱 이상히 여기고 놀라워하면서 스님이 보신 경계가 헛되지 않음을 참으로 알게 되어, 이 사실을 담벽에 써 붙여 보는 이마다 신심을 내도록 했다.

뒷날 스님은 죽림사라는 절이 나타났던 자리에 절을 세우고 죽림사라 이름하였다. 스님은 이 절에서 밤낮으로 염불수행을 했는데 어느 날 홀연히 불타파리 스님이 나타나 이렇게 말했다.

"스님께서는 정토의 연꽃을 이루셨습니다. 세 해 뒤 그 연꽃이 활짝 필 겁니다."

스님은 불타파리 스님이 말한 그 날까지 염불하시다 "이제 가야겠다." 하고는 단정히 앉아서 열반에 들었다. 스님은 한 때 국사가 되어 대궐 안에 사는 이들에게 염불을 가르쳤다.

스님은 오회염불법(五會念佛法)을 처음 만들어 오대산과 장안을 오가며 힘을 다해 펼치니, 염불법문이 서울, 시골 할 것 없이 활짝 퍼지게 되었다. 세상사람들은 스님을 선도회장께서 다시 오신 분이라 믿었다.

다섯 번째 스승
소강대사 (?~805)

아미타불을 한 번 부르시면
입에서 금빛 부처님이 피어 나오셨으니
이는 보살의 경계로
지어서 되는 일이 아니다.

정토종의 다섯 번째 조사는 소강(少康 : ?~805)스님이다. 성은 주(周)씨, 절강성(浙江省) 선도산(仙都山)에서 태어났고 어머니 성은 나(羅)씨다. 일곱 살이 되도록 말을 하지 않았는데 어느 날 어머니가 영산사(靈山寺)라는 절을 찾아가 부처님께 절을 올리면서 "저 부처님이 누구신지 아니?" 하고 묻자 "석가모니불!" 하고 말문을 열었다.

이 일이 있은 뒤에 스님의 부모님은 아들이 지난 생에 불연(佛緣)이 깊은 아이임을 알고 절에 보내 부처님의 제자가 되게 했다. 열다섯 살에 월주(越州) 가상사(嘉祥寺)에서 계(戒)를 받았는데 이미 여러 경론을 두루 배워 막힘이 없었다.

어느 날 낙양(洛陽) 백마사(白馬寺)에 들러 참배하다 법당 안에 써 놓은 글씨에서 빛이 나는 것을 보고 살펴보니 선도 스님이 쓰신 '서방화도문(西方化導文)'이었다. 스님이 축원하기를 "이 몸이 정토수행에 인연이 있다면 다시 빛이 나지이다." 하자 문득 눈부신 광명이 크게 터지고 이 광명 속에 관음과 대세지 두 보살의 모습이 보였다.

스님은 이렇게 다짐했다.

"시간이 세상을 다 갈아 없애도 내가 세운 이 발원은 바뀌지 않으리라."

스님은 이어 장안(長安) 광명사(光明寺)에 들러 선도(善導)스님 초상에 예배하니 문득 선도스님의 영정이 공중에 떠서 말씀하시는 것이었다.

"그대는 이로부터 내 가르침에 따라 온 중생들을 교화하라. 뒷날 그 공을 이루면 반드시 정토에 태어나리라."

스님은 남쪽지방에 있는 강릉(江陵) 땅으로 갔다. 강릉에서 한 스님을 만났는데 "스님께서 중생을 교화하려면 신정(新定) 땅으로 가십시오. 스님은 그 곳과 인연이 있습니다."는 말을 남기고 어디론가 사라져 버렸다.

스님은 신정 땅으로 가 날마다 탁발을 하면서 지냈다. 탁발해서 모인 동전은 동네 아이들을 모아놓고 염불하게 하여 아미타불 한 마디에 한 닢씩 주었다. 이렇게 한 해를 지내고 나니 고을 사람이면 누구나 스님을 만나기만 하면 "아미타불!" 하고 반갑게 인사하는지라 고을이 온통 염불하는 동네가 되었다.

고을 사람들은 조룡산(鳥龍山) 기슭에 염불하는 절을 세우고 스님을 모시고 재일마다 구름처럼 모여 스님을 따라 소리 높여 아미타불을 불렀는데, 스님이 아미타불을 부르면 그때마다 부처님의 모습이 입에서 피어나왔다. 염불법회가 끝나면 스님은 말씀하셨다.

"부처님을 뵌 이는 다 정토에 태어나리라."

이 말씀에 모인 대중이 다 기뻐하며 더욱 힘써 염불정진하였다.

영정(永貞) 1년(805) 10월, 스님은 대중을 모아놓고 마지막 가르침을 주었다.

"정토를 그리워하는 마음을 끝없이 키워가라. 사바세계는 즐거워할 만한 곳이 못 된다. 이제 나는 정토로 가노니 내 몸에서 나는 빛을 보는 이는 다 정토에 태어나리라."

스님이 편안히 앉아 숨을 거두시니 이상하고 향기로운 빛줄기가 몸에서 퍼져 나왔다. 고을 사람들은 환희하여 스님을 기리는 탑을 세우고 저마다 선도스님의 화신이라 찬탄했다.

여섯 번째 스승
영명화상(904~975)

영명(永明)의 뜻을 알고 싶은가?
문 앞에 펼쳐진 호수니라.
햇살 비치니 맑게 빛나고
바람 살랑이니 물결 인다.

영명 연수(延壽 : 904~975)스님은 당나라 말기 오대(五代) 때 분으로 정토종의 여섯 번째 조사이자 법안종(法眼宗)의 세 번째 조사다. 자(字)는 중현(仲玄)이요, 호는 포일자(抱一子) 로 애제(哀帝) 천우(天佑) 1년(904) 절강성(浙江省) 여항(餘 杭) 땅의 단양(丹陽) 왕(王)씨 집안에서 태어났다.

나면서부터 남다른 데가 많았는데 부모님이 다투면 말없이 높은 곳에 올라가 땅으로 몸을 던지므로 부모님이 감히 다투지 못했다. 일찍이 불법에 뜻을 두었는데 나이 스물이 지나면서는 비린 음식을 먹지 않았고 하루 한 끼니만 먹었다. 또《법화경 (法華經)》보기를 좋아하여 일곱 줄씩 함께 읽어내려 두 달 만 에 모두 외우고 고을의 염소들이 감동하여 엎드려 들었다.

문목왕(文穆王)이 전당(錢唐) 땅을 다스리던 때였다. 스님 은 나이 스물여덟에 관리가 되어 세무일을 맡아보았는데 나랏 돈을 많이 써서 어려운 이들을 도와 주었다. 스님은 이 일로 죽 게 되어 형장에 끌려나왔다. 임금이 사람을 시켜 심문하는데도 조금도 얼굴빛이 달라지지 않는지라 풀어주라 일렀다.

이 일이 있은 뒤에 용책사(龍冊寺) 취암(翠巖)선사를 찾아 가 출가했으니 그때 나이 벌써 서른이었다. 스님은 오직 대중 을 섬기는 일에 온 힘을 기울여 풀뿌리로 배고픔을 달래고 누더기로 몸을 가릴 뿐 자기 몸은 돌보지 않았다. 아침 저녁으로 천태산(天台山) 천주봉(天柱峯)에 올라 선정을 닦아 석 달 만에 공부를 이루니 새들이 품으로 날아와 둥지를 치기도 했다.

스님은 뒷날 천태산에 들어가 덕소(德紹)국사를 뵌 자리에서 한 마디에 크게 깨치고 법안종의 적손(嫡孫)이 되었다.

어느 날 좌선삼매 속에서 관세음보살이 감로를 입 안에 부어주신 일을 겪은 뒤로 말문이 크게 열려 불법을 바르게 드러냄에 막힘이 없었다. 스님은 정토법문을 펼치고자 하는 큰 뜻을 세우고 지자선원(智者禪院)에 올라가 두 번 제비뽑기를 했다. 하나는 한결같이 선정에 들라는 제비였고 또 하나는 온갖 착한 일로 정토를 장엄하라는 제비였다. 스님은 마음을 모아 기도한 뒤 다시 제비뽑기를 일곱 번이나 해 보았으나 모두 정토에 관련된 제비였다. 이에 스님은 한뜻으로 참선과 정토수행을 함께 지어나갔다.

오월(吳越) 건륭(建隆) 2년(961), 충의왕(忠懿王)은 스님을 혜일(慧日) 땅 영명사(永明寺)로 모시고 지각선사(智却禪師)라는 호를 올리는지라, 스님은 이 곳에서 크게 교화를 펼치니, 이로부터 세상사람들은 스님을 영명(永明)대사라 부르게 되었다.

스님은 영명사에서 낮에는 백여덟 가지 일을 실천해 정토를 장엄하고 밤에는 별봉(別峯)에 올라 부처님을 예배하고 새벽에 이르도록 염불하니 둘레에 있는 사람들이 다 소라고둥 소리 같은 하늘음악을 들을 수 있었다.

스님은 유식(唯識), 화엄(華嚴), 천태(天台)에 정통한 스님들을 한자리에 모아 인도와 중국의 성현 2백 분이 쓴 논장(論藏)을 펼쳐놓고 묻고 대답하기를 끝내고 《종경록(宗鏡錄)》백 권을 저술하여 여러 가르침을 하나로 꿰뚫어 저마다 마음의 바다로 돌아오게 하셨다.

또한 《만선동귀집(萬善同歸集)》여섯 권을 저술하여 없음〔空〕과 있음〔有〕, 성품〔性〕과 모양〔相〕에 대한 바른 뜻을 밝히고 참된 수행으로 이끌어 중도(中道)로 돌아오게 했다. 이 책 가운데 정토법문을 밝히신 가르침을 간추려 뽑아 보면 이렇다.

물음 : 부처님을 돌면서 절하는 염불공덕과 그냥 앉아서 하는 염불공덕은 어느 쪽이 더 뛰어납니까?

스님 : 물의 흐름을 거슬러서 돛을 펴더라도 그 배는 간다. 흐름을 따라 돛을 편다면 훨씬 빨리 가지 않겠는가.

이런 게송이 있다.

"부처님 돌기를 오백 번, 아미타불 염불하기를 일천 번, 이와 같이 날로 닦으면 절로 부처 이루리."

하루 앉아서 염불해도 팔십억 겁의 죄업이 사라진다 하셨으니 부처님 주위를 돌고 부처님전에 절하는 염불의 공덕이야 어찌 헤아릴 수 있겠는가.

물음 : 마음이 부처인데 왜 하필 밖으로 부처님을 찾아야 합니까? 부처님이 밖에 계시다면 부처님을 찾는 나는 어떻게 되는 것입니까?

스님 : 해탈에 이르는 길이란 딱 한 가지로 말할 수 없다. 스스로 가는 길도 있고, 이끌려 가는 길도 있고, 스스로의 모습도 있고, 함께 공부하는 모습도 있다. 이와 같은 법문은 십현문(十玄門)에서 널리 다루었고 육상(六相)에서 두루 꿰뚫었다.

인연을 따르는 쪽으로 보면 따로지만 그 성품으로 보면 언제나 한몸이다. 경계(境界)란 마음 따라 나타나니 경계와 마음이 둘이 아니어서 마음 또한 경계를 따라 있게 된다. 그러니 내 안이니 내 밖이니를 따질 일이 아닌지라 거룩하신 부처님의 이름을 부를 수 있는 것이다. 경에서도 밝히셨듯이 한 마디 염불로 헤아릴 수 없이 많은 죄업을 없애고 아미타불을 열 번 불러 정토에 태어나는 것이다.

이런 이치인지라 염불하면 온갖 위험과 환란을 물리치고, 염불하면 갖가지 거침새와 원한이 사라지니, 이것은 잠깐 동안 괴로움을 물리치는 일이 아니라 염불한 인연공덕으로 끝내는 깨달음의 바다에 이르게 된다.

그래서 《보왕론(寶王論)》에서는 이렇게 말씀하셨다.

"바다에서 목욕한 이는 벌써 모든 시내와 강물로 몸을 씻은 것과 같다. 염불한 이는 반드시 삼매를 이룰 것이니, 이는 마치 맑고 깨끗한 구슬을 흐린 물 속에 던져 넣으면 어떤 흐린 물이라도 맑아지지 않을 수 없는 것처럼 번뇌로 흔들리는 마음에 염불 한 마디를 던지면 부처를 이루지 않을 수 없다.

염불해서 부처를 이루면 염불하는 마음과 그리는 부처님이 함께 사라지고 하나로 밝아지니, 함께 사라짐을 정(定)이라 하고 하나로 밝아짐을 혜(慧)라 한다. 이 선정과 지혜가 잘 골라 지면 어떤 마음이 부처님이 아닌 것이며 어떤 부처님이 이 마음이 아니리오. 마음과 부처님이 이와 같으니 어떤 경계, 어떤 반연이라도 삼매(三昧)아님이 없다."

그러니 그 누가 마음을 일으키고 생각을 움직여 소리 높여 부처님을 부르는 일을 두고 잘못이라 이를 수 있겠는가.

물음 : 눈에 보이는 것마다 깨달음의 세계요, 들고 놓는 것마다 진리 아닌 것이 없습니다. 그런데 절을 세워 놓고 수고롭게 염불하라 합니다. 이것은 무슨 까닭이며, 이 어찌 묘한 가르침이라 할 수 있겠습니까?

스님 : 절에는 두 가지가 있다. 마음의 절과 행위의 절이 그것이다. 마음의 절이란 온 누리 그대로를 말하고, 행위의 절이란 밝게 밝히고 아름답게 꾸미는 일을 말합니다.

이 두 가지는 따로따로가 아니다. 마음은 행위 속에서 마음일 수 있고, 행위는 마음을 기대야만 행위일 수 있기 때문이다.

이렇듯 행위 속에서 마음을 밝히므로 아름답게 꾸미는 일을 하게 되고, 일상의 삶 속에서 깨달음의 세계로 들어가므로 갖가지 일과 모양을 짓게 되는 것이다. 절을 세워 염불하는 일은 깨달음의 세계로 돌아가는 바탕이자 참삶으로 들어가게 하는 고마운 문으로 부처님을 보고 마음을 장엄하면 나와 남을 함께 이롭게 할 것이다.

《상도의(上都儀)》에서는 다음과 같이 설한다.

"목숨 바쳐 삼보께 귀의한다 함은 돌아가야 할 길을 보여 주고 머물러야 할 참모습을 세운다는 말로, 마음을 머물게 할 경계를 가짐을 말한다. 모습이 없는 어둠 속에서는 생각이 흩어진다."

부처님의 크신 지혜는 범부들로서는 마음을 옭아매도 얻지 못하거늘 하물며 모습을 여의겠는가. 이것은 마치 기술이 뛰어나지 못한 사람이 허공에 집을 지으려 함과 같다.

《금강삼매경(金剛三昧經)》에 이르는 말이다.

"깨달음에 이르는 두 가지 길이 있으니 하나는 이치로 드는 길이요, 다른 하나는 일과 행위로 드는 길이다."

이치는 일과 행위를 이끌고 일과 행위는 이치를 온전하게 한다. 또 깨달음이란 행위로써 행위 없음으로 들어가는 것이니, 행위란 모든 착한 일을 하는 것을 말하고 행위 없음이란 모든 착한 일조차도 매달리지 않음을 말한다. 이러하니 어찌 이치에만 막혀 일과 행위를 저버릴 것이며 일이나 행위만을 고집해 이치를 어겨야 되겠는가.

《대승기신론(大乘起信論)》에서도 이렇게 말씀하셨다.

"믿음을 이루는데 내야 할 마음에 세 가지가 있다. 첫째는 곧은 마음이니, 진여법(眞如法)을 바르게 생각하기 때문이다. 둘째는 깊은 마음이니, 모든 착한 일 하기를 즐겨 모으기 때문이다. 셋째는 크게 어여삐 여기는 마음이니, 온 중생의 괴로움을 다 없애 주고자 하기 때문이다."

물음 : 어떤 이는 아무리 오래 수행해도 깨달음을 이루지 못

하니 그것은 왜 그렇습니까?

스님 : 경에 말씀하시기를 "중생의 마음이란 거울과 같아 거울에 앉은 때가 두터울수록 오래 닦아도 밝은 빛이 드러나기 어렵다." 하셨다.

또 스님께서는 네 가지 깨우치는 글을 지어 말씀하시기를

"참선만 하고 정토수행을 하지 않으면 열에 아홉은 잘못된 길에 빠져, 죽음에 이르면 아무 데나 가서 난다. 참선하지 않고 정토수행만 하면 만 사람이 수행해 만 사람이 정토에 태어나서 아미타불을 뵙게 되니 어찌 깨달음에 이르지 못할까 근심하리요. 참선도 하고 정토수행도 하면 뿔을 얻은 호랑이와 같아서 살아서는 큰 스승이 되고 죽어서는 부처님이나 조사가 된다. 참선도 않고 정토수행도 않으면 철판이나 구리기둥 같아서 만 겁이 흐르고 천 번 태어나도 기댈 곳이 없다." 하셨다.

스님이 영명에 머물기 열다섯 해, 제자가 된 이들만도 벌써 일천칠백 명이 넘었다. 스님은 날마다 여러 대중들에게 보살계를 주었고, 아침에는 생명의 목숨을 놓아 주었고, 밤에는 주릴 귀신들께 음식을 베풀어 그 공덕을 모두 정토에 되돌렸다. 또 틈틈이 읽은 《법화경》이 일만삼천 번에 이르고 《종경록(宗鏡錄)》 백 권을 비롯해 시(詩), 부(賦), 게(偈), 송(誦) 같은 글 천만 마디를 썼는데 모두 대장경에 기록되었다.

한때 고려의 임금도 스님의 법문을 전해 듣고 사신을 보내 제자의 예를 올리고 금실로 짠 가사와 수정염주를 공양올렸다.

또 고려에서 간 스님 서른여섯 명은 가르침을 받고 돌아와 저마다 한 지방을 교화했다.

송나라 태조(太祖) 개보(開寶) 8년(975) 2월 스물엿새날, 스님은 새벽 일찍 일어나 부처님께 예불을 올린 뒤 열반에 들 것을 대중에게 알리고 단정히 앉아 정토로 가셨다. 세상 나이 일흔 둘이요, 절 나이 마흔일곱이었다.

영명(永明)의 뜻을 알고 싶은가
문 앞에 펼쳐진 호수니라
햇살 비치니 맑게 빛나고
바람 살랑이니 물결 인다

불법을 묻는 이들이 모인 자리에서 지어 읊으신 스님의 게송이다.

일곱 번째 스승
성상 율사(959~1020)

정토수행을 하는 데는
믿음, 수행, 원력을 함께 갖춰야 한다.
시대가 흐를수록 중생의 근기가 얄팍해지니
살펴보면 비록 믿음과 원력이 있는 이라도
수행을 갖추지 못한 경우가 대부분이다.
연사(蓮社)를 정행사(淨行社)로 바꾸어 이름한
스님의 깊은 뜻이
바로 여기에 있다 하겠다.

성상(省常 : 959~1020)스님은 정토종의 일곱 번째 조사다. 지금의 절강(浙江) 땅인 전당(錢唐)에서 태어났는데 성은 안(顏)씨, 자(字)는 조미(造微)다. 어릴 때부터 세속을 싫어하더니 나이 일곱에 출가하고 다시 열일곱에 계를 받아 목숨보다 소중하게 지녔다. 뒷날 항주(杭州)의 서호(西湖) 둘레에 있는 소경사(昭慶寺)라는 절에 머물렀는데 이때 스님은 아리따운 여산의 옛 가르침을 사모하여 서호 가에서 정토수행에 목숨 걸 이들을 모았다. 스님은 아미타부처님의 성상(聖像)을 조각하고 피를 뽑아《화엄경정행품(華嚴經淨行品)》을 쓰고 '정토수행자들의 모임'을 뜻하는 '연사(蓮社)'라는 이름을, '삶을 밝히는 이들의 모임'을 뜻하는 '정행사(淨行社)'로 바꾸었다. 이 모임에는 재상 벼슬을 하던 왕단(王旦)을 비롯한 이름 높은 사대부들 백스물세 명이 함께했는데 이들은 저마다 부처님 앞에 글을 지어 올리고 스스로를 '정행사제자(淨行社弟子)'라 일컬었다. 또 많은 스님들과 맑은 믿음을 지닌 이들이 천 명이 넘게 모여 몸 바쳐 정토수행을 닦았다.

　천희(天禧) 4년(1020) 정월 열이튿날이었다. 단정히 앉아 염불하던 스님은 별안간 큰소리로 "부처님께서 오셨다!"고 외친 뒤 홀연히 열반에 들었다. 함께 염불하던 대중이 눈을 크게 떠보니 땅빛이 황금빛으로 빛나고 있었는데 시간이 지나자 차츰 사라졌다. 이때 스님의 나이 예순둘이었다.

제자들은 조과(鳥窠) 선사의 탑 옆에 탑을 세우고 스님의 몸을 그 안에 모셨다.

연종의 제2조 선도스님이 교화를 펴신 뒤로 정토법문이 크게 일어나 오랜 동안을 끊어짐없이 이어졌다. 그러나 당나라가 망하고 오대(五代)에 이르러 송나라가 세워지기까지는 차츰 힘을 잃어 그 바른 가르침이 사그러질 지경에 이르렀다. 이런 때 스님은 선종의 샛별이자 연종의 다섯 번째 조사이기도 한 영명선사와 함께 널리 정토법문을 펼쳤다.

스님은 계율을 엄격하게 지킬 것을 가르치셨고 함께 정토수행을 닦는 모임인 '정토수행 공동체'를 만들어 꺼져가는 정토법문을 영명스님과 함께 다시 일으켰다.

정토수행을 하는 데는 믿음, 수행, 원력을 함께 갖추어야 한다. 이것은 솥에 달린 세 개의 발처럼 하나만 빠져도 정토수행을 바르게 이룰 수 없다. 시대가 흐를수록 중생의 근기가 얄팍해지니 살펴보면 비록 믿음과 원력이 있는 이라도 수행을 갖추지 못한 경우가 대부분이다. 연사(蓮社)를 정행사(淨行社)로 바꾸어 이름하신 스님의 깊은 뜻이 바로 여기에 있다 하겠다.

여덟 번째 스승
주굉대사 (1532~1612)

스무 해 전 맺힌 의심
헤맨다고 풀릴쏘냐.
향 사르고 총 쏘는 일
꿈 속의 일이어니
마구니와 부처님이
부질없이 시비하네.

주굉(1532~1612)스님은 정토종의 여덟 번째 조사다. 호는 연지(蓮池)로 항주(杭州)에서 태어났다. 성은 심(沈)씨로 이 집안은 고을에 널리 알려진 이름있는 집안이었다. 아버지는 명재(明齋)선생 덕감(德鑑)이고 어머니는 주(周)씨다. 나면서부터 슬기로워 나이 열일곱이 되니 고을의 선비들이 스님의 학문과 몸가짐을 높이 칭송하지 않는 이가 없었으나 과거에는 나아가지 않았다.

일찍이 정토법문에 뜻을 두어 책상머리에 '생사대사(生死大事)'라는 경구를 써붙여 두고 늘 스스로를 일깨우는 데 온 힘을 기울였다. 어떤 경우에도 목숨 죽이는 일을 하지 않았고 집안의 제사음식에도 채소만을 썼다.

장가들어 장(張)씨 아내에게서 아들을 보았으나 일찍 죽고 이내 아내도 세상을 떠났다. 어머니가 한사코 다시 장가들라 권했으나 그때마다 스님은 그럴 수 없다 하고 오직 정토수행에만 정성을 기울였다.

나이 스물일곱에 아버님이, 서른한 살에 어머님이 세상을 뜨자, 상을 마치고 슬피 울며 탄식하기를 "이제 하늘 같은 부모님의 은혜를 갚아 드릴 때가 왔구나." 하고 집을 떠나 서산(西山)의 무문성천(無門性天)화상을 찾아가 머리칼을 자르고 소경(昭慶)율사에게서 비구계를 받으셨다.

　뒤로 천하를 두루 떠돌아다니면서 여러 선지식들의 가르침을 받았는데 한때 동창(東昌) 땅을 지나다가 홀연히 깨달음을 얻고 이렇게 노래했다.

　스무 해 전 맺힌 의심
　헤맨다고 풀릴쏘냐
　향 사르고 총 쏘는 일
　꿈 속의 일이어니
　마구니와 부처님이
　부질없이 시비하네

　떠돌아다니면서도 어머님의 상이 아직 끝나지 않았다 하여 걸망 속에 위패를 모시고 다니면서 공양 때는 반드시 먼저 올렸다.

　어느 절에서는 병이 들어 숨길이 끊어진지라 대중이 화장에 부치려 하자, 홀연히 웃으면서 "내 숨이 아직 남아있네." 하면서 일어나신 적도 있다.

　융경(隆慶) 5년(1571), 스님은 항주의 운서산(雲棲山)에 자리한 빈 절에 머물며 먹을 거리를 빌어가면서 정진했다. 그때 산에 호랑이가 많은지라 스님이 몸소 유가염구법(瑜伽焰口法)을 펴시니 호랑이들이 더는 사람을 해치지 않았다.

　또 오래도록 가뭄이 들어 강마다 물이 마르자 고을 백성들이 스님을 찾아와 기우제를 청하는지라 스님이 한 번 아미타불을 부르자 구름이 일고 큰비가 내렸다. 이에 고을 사람들이 모두 기뻐하여 다투어 나무를 지고 와서 절을 다시 일으키니 수행하는 스님들이 날로 모여들어 어느덧 큰 총림(叢林)을 이루었다.

스님은 한 길로 정토수행을 닦는 것 말고도 맑고 엄하게 계율을 지키고 설법과 강의로 인과를 밝히고 죄와 복을 알게 하고 맑은 가풍 속에서 참되게 닦고 실답게 수행하게 했다. 따라서 세상을 속이고 이름을 훔치는 무리들이 그 누구도 힘을 쓸 수가 없었다. 그러나 세상사람들은 스님을 단지 정토법문을 크게 일으킨 분으로만 알지 말법시대에 나타난 크나큰 광명의 곳집임은 알지 못했다.

쓰신 책으로는 스님의 법문을 모아 펴낸 《운서법휘(雲棲法彙)》가 있으니 이는 참으로 세상을 건지는 보배 뗏목으로, 이 법문 가운데 주춧돌은 〈아미타소초〉다. 스님은 여기서 이치와 일이 다 마음임을 밝혀 수행하는 이들로 하여금 진정한 근원에 이르게 했으니 정토종이 생긴 뒤로 처음 있는 일이었다.

아리따운 말씀과 크신 업적이 다 이 책에 실려 있으니 이는 마치 저 용궁의 보배와 같아서 하나하나 들어 말할 수 없는지라 오직 배우기를 좋아하는 선비가 받들어 읽고 깨우쳐 알 수 있을 뿐이다.

스님이 운서에 머문 지 마흔 해, 부처님의 참 가르침을 온 누리에 펴심에 그 따뜻한 교화를 입은 이 헤아릴 수 없이 많았다. 스님은 눈먼 참선수행을 물리치고 정토와 선을 아울러 수행할 것을 가르쳤으니 그 도풍(道風)이 날로 새로워졌다.

만력(萬曆) 43년(1612) 6월 그믐날 아침, 스님은 성 안에 들어 오래 전부터 알고 지내오던 이들을 찾아가 인사하더니 7월 초하룻날 저녁에는 절에 사는 대중들에게 "다음 날 내가 가리라."고 말씀하시고 방장실에 들어 눈을 감고 앉아 계셨다. 이에 성 안에 사는 승속(僧俗)의 제자들이 스님의 마지막 모습을 보려고 빠짐없이 찾아와 자리에 앉자, 스님은 눈을 뜨고 "부지런히 염불하고 괴이한 것에 마음 두지 말라."고 또렷이 말씀하시고 서쪽을 향해 앉아 아미타불을 부르다 열반에 들었다. 세상 나이 여든하나요, 절 나이 쉰이었다.

스님은 일곱 번째 조사인 성상스님이 가신 지 오백 해가 넘게 지나 세상에 오셨다. 선종의 빛은 희미해지고 연종(蓮宗)의 가르침은 이미 땅에 떨어진 때였다. 스님은 이런 때 오시어 염불법문을 다시 일으켜 세웠을 뿐만 아니라 천하에 불법이 다시 빛나게 하셨다. 스스로 만드신 수행규범으로 대중을 보살피고 계율을 엄격히 밝혀 말세의 나쁜 버릇을 깨끗이 씻어내고, 생명을 어여삐 여겨 힘을 다해 놓아 주셨으니 저 영산회상의 위없는 밝은 빛이 세상에 다시 오심이리라.

스님은 〈아미타소초〉 머릿글에서 이렇게 말씀하셨다.

"텅 빈 마음인 참마음으로 나고 죽음이 없는 세계에 이른다. 부처님을 생각함이란 바로 이 참마음을 생각함이니 정토에 태어남은 이 세상을 여의고 있는 일이 아니다. 마음과 부처님과 중생이 한몸인지라 삶의 강물 한가운데도 그 양쪽 가장자리 어디에도 도무지 머물 곳이 없다. 그래서 마음이 아미타불이니, 정토니 하고 말하는 것이다.

참선과 염불은 길은 다르지만 돌아가는 곳은 똑같다. 이 마음을 여의지 않음이 염불이요, 이 마음을 여의지 않음이 참선이기 때문이다. 어떤 이들은 참선만을 고집하여 염불수행을 헐뜯는 것을 가끔 본다. 이는 스스로의 본디 마음을 헐뜯는 일이고 부처님을 헐뜯는 일이고 참선을 헐뜯는 일이니 깊이 생각해야 할 일이다."

아홉 번째 스승

실현법사(1686~1734)

연꽃 속에 눈을 뜨고 부처님을 뵈리라.
부처님의 웃음 빛이 연꽃 밝혀 주리라.
이 마음 부처님 따라 정토로 돌아가니
오고감 없는 속에 이 일이 밝고 밝다.

연종의 아홉 번째 조사는 실현(實賢 : 1686~1734)스님이다. 강소성(江蘇省) 상숙(常熟)에서 태어난 분으로 성은 시(時) 씨, 자는 사재(思齋), 호는 성암(省庵)으로 대대로 유학(儒學) 을 익혀온 맑은 선비 집안에서 태어났다. 어릴 때부터 출가할 뜻을 굳히는지라 아버지가 돌아가시자, 어머니 장(張)씨는 아들이 불법에 특별한 선근(善根)이 있다 여기고 곧 출가를 허락 했다.

나이 열다섯에 출가했는데 무슨 글이든 한 번 보면 잊어버리는 법이 없었다. 나이 스물넷에 비구계를 받아 지녀 평생토록 계율을 엄하게 지키니 언제나 가사와 발우를 떠난 적이 없었고 하루 한 끼만을 들었고 누워서 자는 법이 없었다.

뒷날 소담(紹曇)화상을 찾아 뵙고 유식, 능엄, 천태, 화엄을 착실히 공부했다. 소담화상은 스님에게 천태종 영봉파(靈峯派)의 네 번째 정종(正宗)을 전했다.

한때 스님은 숭복사(崇福寺) 영취(靈鷲)화상을 뵙고 '염불하는 나란 누구인가'라는 화두를 참구해서 넉 달 만에 홀연히 깨닫고 곧 이르기를 "나라는 꿈이 환히 드러났다." 했다. 이로부터 기봉(機鋒)이 날카롭기 그지없고 말씀이 어디에도 막힘이 없어 영취화상이 가르침을 전하고자 했으나 받지 아니하고 진적사(眞寂寺)라는 절로 들어가 세 해 동안 문을 걸어 잠그고 낮에는 삼장을 두루 보고 밤에는 아미타불을 염불하면서 지냈다.

기해년인 1719년 봄, 스님은 아육왕산(阿育王山)에 나아가 부처님 사리에 예배하였다. 이 날은 때마침 열반재일이라 많은 스님들과 신도들이 모여들어 널리 공양을 올렸다. 스님은 이 날 부처님 앞에서 손가락을 태워 공양하고 마흔여덟 가지 큰 원을 세우니 난데없이 사리탑이 큰 빛을 뿜어냈다. 이에 스님이 '보리심을 냅시다'는 글을 지어 자리에 모인 사부대중을 격려하시니 보고 듣는 이마다 감격해 눈물을 흘렸다. 글의 내용은 이렇다.

보리심을 냅시다(勸發菩提心文)

들으니 보리심을 냄은 깨달음에 들어가는 가장 중요한 문이고, 원을 세움은 수행의 첫걸음이라 했다. 원을 세워야 중생을 건질 수 있고 보리심을 내야 깨달음을 이룰 수 있기 때문이다. 참말이지 가엾은 마음을 내지 않고 무너지지 않는 원을 세우지 않는다면 모래알 수 같은 겁이 지나도 윤회 속에 파묻혀 있을 지니 비록 수행을 한다고 해도 한갓 몸만 수고롭게 할 뿐이다.

그래서 《화엄경》에서 말씀하시기를 "보리심을 잃어버리면 온갖 착한 길을 닦는다고 해도 다 마구니가 짓는 놀음이 된다." 하셨으니, 보리심을 잃어버려도 이러하거늘 하물며 저 보리심을 내지도 않음이랴. 부처님이 되는 길로 가고자 하면 먼저 보살의 원을 내지 않으면 안될 것이니 이는 결코 느슨하게 여길 일이 아니다.

하지만 마음으로 내는 원이란 그 내용에 따라 갖가지 모양이 있으니 이런 갖가지 원을 꼼꼼하게 알지 못하면 깨달음으로 나아가기가 어렵다 하겠다. 이에 이제 여러 대중을 위해 간략하게 원에 대해 말하고자 한다.

원에는 여덟 가지가 있다. 이른바 삿된 원, 바른 원, 참된 원, 거짓 원, 큰 원, 작은 원, 치우친 원, 원만한 원들이 그것이다.

삿된 원이란 무엇인가? 오로지 수행에 힘을 쓰지만 스스로의 마음은 참구하지 않고 오직 밖으로 힘쓸 줄만 알아 이익만 찾고 이름내기를 좋아하며 세상의 욕락을 욕심내고 죽어 좋은 곳에 태어나기를 바라는 마음을 냄을 말한다.

바른 원이란 무엇인가? 이익찾기나 이름내기를 구하지 않고 현재의 욕락이나 다가올 과보에 대해 욕심을 부리지 않고 오로지 나고 죽음에서 벗어나고 깨달음 얻기를 바라는 마음을 냄을 이른다.

참된 원이란 무엇인가? 생각마다 불도(佛道) 이룰 것을 생각하고 마음마다 중생을 제도할 일을 담아둔다. 부처님 가르침을 들음에 늘 아득해도 물러서거나 겁내지 않고, 중생을 건지는 일이 어려운 것을 보아도 싫어하거나 게으른 마음을 일으키지 않는다. 만 길이나 되는 산을 오름에 반드시 산봉우리에 올라서고 9층 탑을 올림에 반드시 꼭대기를 지어 올림과 같은 마음을 냄을 말한다.

거짓 원이란 무엇인가? 죄가 있어도 참회하지 않고 허물이 있어도 없애려고 하지 않는다. 안은 더러우면서 밖으로는 깨끗한 척하고 시작할 때는 부지런을 떨다가도 끝에 가서는 게으름을 피운다. 비록 마음은 좋으나 쉽게 이름과 이익에 뒤섞이고, 비록 착한 일을 지으나 곧 죄업에 물들고마는 마음으로 내는 바람을 말한다.

큰 원이란 무엇인가? '중생의 세상이 다 없어져야 내 원이 끝이 나고 깨달음을 다 이루어야 내 원이 다 이루어진다'는 큰 바람을 말한다.

작은 원이란 무엇인가? '삼계를 감옥으로 여기고 나고 죽음을 원수처럼 생각하지만, 오직 자기 한 몸만 벗어나길 바라고 중생들을 건질 생각이 없는 바람'을 말한다.

치우친 원이란 무엇인가? 마음 밖에 부처님과 중생이 있다 여기고 이런 생각으로 깨달음도 구하고 중생을 건질 마음도 내어 스스로 지은 공덕과 모든 것이 마음과는 상관없이 있다는 생각을 비우지 못하고 내는 바람을 말한다.

원만한 원이란 무엇인가? 마음이 중생임을 밝게 알기에 중생을 건질 생각을 내고, 마음이 부처임을 밝게 알기에 부처님이 될 마음을 낸다. 마음을 떠나 한 법도 따로 있을 수 없음을 바르게 보아 허공과 같은 마음으로 허공과 같은 원을 내고, 허공과 같은 수행을 하고, 허공과 같은 깨달음을 얻되 허공이라는 모양도 짓지 않아야 하리니, 이와 같은 마음으로 내는 바람을 원만한 원이라고 한다.

부처님 제자라면 이 여덟 가지 원의 모습과 내용을 밝게 살펴야 하니, 밝게 살피면 버릴 원과 가질 원을 알게 되고 이렇게 알게 되면 공부할 마음은 절로 내게 되어 있다.

원을 밝게 살핀다 함은 무슨 뜻인가? 내가 세운 원이 저 여덟 가지 원 가운데 어떤 원에 들어가는지를 아는 일이다. 버릴 원과 가질 원을 알게 되다 함은 무슨 말인가? 삿되고, 거짓되고, 작고, 치우친 원은 버리게 되고, 바르고, 참되고, 크고, 원만한 원은 갖게 된다는 말이다. 이와 같이 하여 낸 마음이 진정한 보리심, 곧 깨달음으로 가는 마음이라 할 수 있다.

이같은 보리심은 온갖 착함 가운데 으뜸가는 착함으로 반드시 인연이 있어야 그 싹이 태어날 수 있다. 무엇이 보리심의 싹을 틔우는가? 여기에는 열 가지 인연이 있다.

1. 부처님의 소중한 은혜를 생각함
2. 부모님의 은혜를 생각함
3. 스승의 은혜를 생각함
4. 시주(施主)의 은혜를 생각함
5. 중생의 은혜를 생각함
6. 나고 죽음의 괴로움을 생각함
7. 스스로의 참 성품을 우러러봄
8. 업장(業障)을 참회함
9. 정토에 태어나고자 함
10. 바른 가르침이 늘 머물러 주길 생각함

이 그것이다.

무엇이 부처님의 소중한 은혜를 생각함인가?

"석가모니 부처님은 처음 보리심을 내시고 헤아릴 수 없는 겁 동안 보살의 길을 실천하시면서 온갖 괴로움을 받으셨구나. 내가 나쁜 업을 지을 때는 불쌍히 여겨 방편의 손길을 펼쳐 주셨으나 내가 어리석었던 까닭으로 믿고 받아들일 줄 몰랐구나. 내가 지옥에 떨어져 헤매일 때는 아프고 슬퍼 여기사 내 괴로움을 대신해 주시려 했으나 내 업장이 너무나 무거워 건져 주실 수 없었구나.

내가 사람으로 태어나서는 부처님이 온갖 방편으로 착한 삶의 기운을 불어넣어 주시고자 했으나 '나'라는 큰 구덩이에 빠져 한 순간도 벗어날 수 없었구나. 부처님이 이 세상에 오셨을 때는 나는 아득히 육도를 떠돌았고 어쩌다 내가 사람으로 태어나니 부처님은 벌써 열반에 들고 아니 계시는구나.

나는 무슨 죄가 이렇게 많아 말법시대에 태어났고, 나는 무슨 복이 이다지도 많아 부처님의 가르침을 만났는가. 나는 무슨 업장으로 빛나는 부처님의 모습을 뵐 수 없었고, 나는 무슨 행운으로 부처님 사리탑을 찾아와 몸을 던져 절하는가. 그 언젠가 선근을 심지 않았고서야 어떻게 부처님의 가르침을 만날 수 있었고, 그 언젠가 부처님의 가르침을 듣지 않았고서야 어떻게 부처님의 은혜 속에서 살고 있음을 알 수 있으랴.

그 은혜 그 공덕이시여, 헤아릴 길 없으니 가없는 마음 일으켜 보살도 힘써 닦고 부처님 법 일으켜 세워 뼈를 갈고 몸을 부숴 중생제도 않는다면 어찌 보답하오리."

이렇게 생각함이 보리심의 싹을 틔우는 첫번째 인연이다.

부모님의 은혜를 생각함이란 무엇인가?

"슬프구나! 부모님의 사랑이여, 이 몸 낳아 주신 그 수고로움이여, 열 달 동안 몸 안에 품어 주시고 세 해 동안 젖을 먹여 주시고 진 자리 마른 자리 갈아 주시고 쓴 것은 삼키고 단 것은 먹여 주셨구나. 겨우 다 자라나 부모님께서는 집안의 풍속을 이어 나가고 제사를 받들어 모셔 주길 믿고 바라셨지만 나는 집을 나와 외람되게 '나는 부처님의 아들이다' 하고, 스스로를 사문(沙門)이라 부르면서 부모님의 뜻을 받들지 않고 제사 또한 모시지 않는구나.

어버이 살아계실 때는 모시고 봉양하지도 못하고, 어버이 돌아가시자 그 혼령을 잘 이끌어 모시지도 못하니 집안에는 큰 피해를 드리고 절 집안에도 참다운 보탬이 되지 못하는구나. 두 곳에 지은 죄업 크고 또 커 이 몸 숨길 곳이 없으니 오로지 백겁천생(百劫千生)토록 부처님 앞으로만 나아가고 시방삼세(十方三世) 모든 중생 빠짐없이 건져 주리라.

이 생의 어버이뿐만 아니라 수없는 생의 어버이들도 모두 다 건져 드리고, 내 어버이뿐만 아니라 모든 중생들의 어버이들도 남김없이 해탈에 이르게 하리라."

이렇게 생각함이 보리심의 싹을 틔우는 두 번째 인연이다.

스승의 은혜를 생각함이란 무엇인가.

"어버이께서 나를 낳아 길러 주셨지만 마을에 스승이 없고 산에 스승이 없다면 어떻게 예의와 부처님 가르침을 알 수 있

으랴. 예의를 모르면 짐승과 다를 바가 없고 부처님 가르침을
모르면 마을 사람들과 다를 바가 없으리. 내가 이제 대강 예절
이 무엇인지 알고 털끝만큼이라도 부처님 가르침을 아는 바 있
어 가사 입고 티없는 계를 받았으니 스승이 아니 계셨다면 있
을 수 없는 일이었구나.

　내가 만약 작은 원으로 수행한다면 겨우 내 한 몸만을 이롭
게 하겠지만, 이제 내가 큰 수레가 되어 온 중생들을 이롭게 할
것이니 나를 가르쳤던 마을의 스승이며 절 집안 스승들이 다
이익을 얻으시게 하리라."

　이와 같이 생각함이 보리심의 싹을 틔우는 세 번째 인연이다.

　시주의 은혜를 생각함이란 무엇인가.

　"우리 사문들은 날마다 먹는 양식을 스스로 만들지 못하고
하루 세 때 먹는 죽과 밥이며 철따라 입는 옷가지며 아프면 먹
는 약품 같은, 먹고 입는 온갖 것들을 다른 이들한테서 받는구
나. 저들은 힘을 다해 농사지어도 오히려 입에 풀칠하기도 어
렵거늘, 나는 편안히 앉아 달게 음식을 받아 먹으면서도 만족
할 줄 모르는구나. 저들은 애써 옷감을 짜면서도 몸을 가리기
가 어려운데, 나는 옷이 남아 돌면서도 아까운 줄 모르는구나.
저들은 두어 칸 띳집에서 정신없이 한 생을 보내는데, 나는 큰
집 한가로운 뜰에서 일없이 나날을 보내는구나.

　저들의 땀으로 내 삶을 편안히 꾸려가니 이 어찌 마음 편한
일인가. 저들의 피로 일없는 내 몸을 살찌우니 이 어찌 이치에
맞는 일인가. 스스로 자비와 지혜의 힘도 없고 복도 지혜를 갖

추지도 못하고서 시주의 은혜에 빠져 지내고 중생들의 땀과 피를 받고 사니, 쌀 한톨 실 한오라기라도 그대로 다 갚아야 하리니 무서운 저 과보를 어떻게 피할 것인가."

이와 같이 생각함이 보리심의 싹을 틔우는 네 번째 인연이다.

중생의 은혜를 생각함이란 무엇인가?

"나와 중생들은 헤아릴 수 없는 옛날부터 여러 생을 서로 부모가 되었거나 서로가 큰 은혜를 지고 있구나. 비록 세상이 바뀌어 서로를 몰라보지만 이치를 살펴보면 어찌 그 큰 은혜 갚을 수 있으랴. 뿔이 나고 털이 난 중생들이 어찌 지난 생의 내 아들 딸이 아니고, 꿈틀거리고 나는 짐승들이 지난 생의 내 어버이가 아닐 것인가. 어릴 때 어버이 곁을 떠나 나이 들면 어버이 얼굴이 깜깜한데, 하물며 지난 생의 어버이야 지금 생의 김씨요, 이씨니 어찌 기억할 수 있겠는가.

저 어버이들이 지옥에서 울부짖고 아귀나라에서 헤매인들 그 괴로움을 누가 알 것이며 그 배고픔을 어떻게 하소연할 것인가. 비록 내가 저들을 보지 못하고 듣지는 못해도 저들은 틀림없이 건져주고 제도해 주길 간절히 바랄 것이니, 경전이 아니면 이 일을 설명해 줄 수 없을 것이고 부처님이 아니면 이같은 말씀을 할 수 없을 것이라. 삿된 소견을 가진 이들이 어떻게 이같은 진실을 알겠는가.

그래서 보살은 비록 벌레일지라도 지난 생의 어버이요, 미래의 부처님으로 보아 늘 이롭게 해 줄 것과 그 은혜를 생각하는 것이리."

이와 같이 생각함이 보리심을 일깨우는 다섯 번째 인연이다.

중생의 괴로움을 생각한다 함은 무엇인가?

"이 몸도 중생들도 시작없는 옛날부터 나고 죽음의 늪에 빠져 헤어나지 못하고 있으니 사람으로 하늘로, 이 세계로 저 세계로 죽고 태어나기 헤아릴 수 없었구나. 문득 하늘에 태어났는가 하면 다시 사람으로 태어났다가 다시 지옥, 축생, 굶은 귀신으로 끝없이 돌고 도는구나.

아침에 깜깜한 문을 나왔다가는 저녁에 다시 들어가고 잠깐 쇠굴을 떠났다가는 바삐 다시 들어가는구나. 칼산에 오르니 온몸이 성한 곳이 없고 칼숲을 헤쳐가니 온몸이 갈기갈기 찢기는구나. 달군 쇠로는 배고픔을 달랠 수 없으니 삼키면 뱃속이 활활 타고, 끓는 쇠물로는 목마름을 면할 수 없으니 마시면 뼈와 살이 다 녹는구나.

날카로운 톱으로 몸을 잘라도 떨어지자 다시 붙고 음산한 바람을 맞으면 죽었다 곧 살아나는구나. 불바다 세상 속에는 울부짖는 소리뿐이요, 찌고 볶는 솥 안에는 괴로운 외침뿐이로구나. 몸이 꽁꽁 어니 푸른 연꽃이 맺은 것 같고, 살과 피가 문드러지니 붉은 연꽃이 피는 듯하구나. 하룻밤에 나고 죽음이 만 번에 이르고, 하루 낮에 겪는 괴로움이 사람살이 백 년의 괴로움과 같구나.

괴로움을 당할 때는 뉘우치다가도 괴로움이 약해지면 어느새 잊고 마는구나. 중생이 업을 지음이 이와 같으니 채찍을 맞아 피흘리는 노새가 지난 생 어머니가 아니며, 도살장으로 가는 짐승이 지난 생 아버지가 아닌지를 그 누가 알 수 있으리오.

지난 생의 아들 딸을 잡아먹으면서도 깜깜하게 모르나니 문왕(文王)도 아버지의 살을 먹으면서 그 사실을 알지 못했거늘 어리석은 범부들이야 다시 말해 무엇하랴. 그때 그 사랑이 지금은 원수가 되고, 지난 날의 원수가 지금은 아들 딸이 되고, 지난 날의 어머니가 지금은 아내가 되고, 지난 생의 아버지가 이생의 지아비가 되니, 지난 생을 아는 눈으로 보면 부끄럽기 그지없고 하늘눈으로 살펴 볼지면 우습고도 불쌍하구나.

더러움 덩어리 속에 열 달 동안 싸여 있다 피오줌 길을 따라 한 날에 태어나니 이 아니 불쌍한가. 어릴 때는 아무것도 모르고 덤벙거리다가 자라서는 이것저것 가리고 탐욕부리다 어느새 늙고 병드니 죽음의 신이 찾아오는구나.

오호라! 죽음이여, 바람과 불 기운이 서로 지지고 끓여대니 신령스럽던 업식(業識)이 어지럽게 무너지는구나. 피와 정기가 메마르고 살과 거죽이 장작처럼 마르고 털끝마다 침이 되어 구멍마다 살을 에이는구나. 물에 끓여 죽을 거북이가 등껍질을 벗기우는 괴로움이 차라리 중생의 업식이 몸을 벗는 괴로움보다 몇 배 낫겠구나. 마음에는 떳떳한 주인이 없어 저 장사치들과 같이 순간순간 내달리고 몸에는 정해진 모습이 없어 저 잠깐 머무는 집과 같아 셀 수 없이 옮겨 다니는구나.

우주의 티끌 수로도 오가는 몸을 헤아릴 수 없고 바다의 큰 물로도 죽을 때 흘린 눈물을 가늠할 수 없구나. 쌓인 해골은 산보다 높고 쓰러진 송장은 땅보다 넓으니, 이 일은 부처님의 말씀을 듣지 않고서는 알기 어렵고 비록 듣는다 해도 경전을 보지 않으면 이같은 이치를 어떻게 알고 어떻게 깨달을 것인가.

욕심 내고 애착하고 어리석어 태어날 때마다 크게 잘못될까 걱정이라. 사람 몸은 얻기 어려우나 잃기는 쉽고, 좋은 시절은 보내기 쉬우나 붙잡기는 어려우니 가는 길 아득하여 한 번 떠나면 그만이구나.

세 가지 나쁜 길을 한사코 달게 받으니 말 못할 그 괴로움 누가 대신해 줄 것인가. 이치가 이렇다 하여 실망하지 않고 나고 죽음의 흐름 끊고 애욕의 바다 헤쳐나와 나와 남을 함께 건져 저 언덕에 이르리라."

이렇게 생각함이 보리심을 일깨우는 여섯 번째 인연이다.

스스로의 참 성품을 우러러봄이란 무엇인가?

"이 마음으로 보면 나도 석가모니 부처님과 다름이 없는데 어찌하여 부처님은 아득한 옛날부터 부처님이 되셨고 어찌하여 나는 깜깜하고 거꾸로 된 범부의 몸이 되었는가. 부처님은 헤아릴 수 없는 신통과 지혜의 공덕을 갖추셨는데 어찌하여 나는 끝없는 번뇌에 얽혀서 나고 죽음만을 되풀이하고 있는가.

부처님이나 나나 저 마음은 한 가지인데 깨닫고 어리석음은 하늘과 땅 차이니 잠잠히 생각해 볼수록 이 아니 부끄러운가. 이 몸은 진흙 속에 파묻혀 있는 보석과 같은데 보잘것없는 돌덩어리쯤으로 여겨왔구나. 이제부터라도 부처님의 가르침을 저버리지 아니하고 내 참 성품 또한 길이 여의지 아니하리라."

이렇게 생각함이 보리심을 일깨우는 일곱 번째 인연이다.

업장을 참회함이란 무엇인가?

"가벼운 계율을 어겨도 하늘나라 시간으로 오백 해를 지옥에서 지내야 한다. 작은 죄를 저질러도 이같은 과보를 받는데 하물며 큰 죄이겠는가. 살펴보니 발을 놓고 손을 들어 올리고 밥을 먹고 물을 마시는 네 행동이 하나같이 계율에 어긋나는 짓뿐이로구나. 하루 동안 짓는 죄도 헤아릴 수 없이 많은데 하물며 한 생을 두고 짓는 죄야 다시 말해 무엇하겠는가.

오계를 들어 말해도 열에 아홉은 지키지 못하면서도 드러내 뉘우치지 않고 감추어 묻어두는구나. 그나마 집에서 수행하는 신자들이 지키는 오계도 다 지키지 못하거니 사미계, 비구계, 보살계야 오죽하겠는가. 말로는 나는 비구라고 떠들면서도 안으로는 오계도 제대로 지키지 못하니 이 아니 부끄러운가. 부처님에게서 받는 계율은 받지 않으면 모르려니와 한 번 받으면 반드시 지켜야 하느니 지키지 못하면 반드시 어두운 세계로 떨어지리라.

나에게도 남에게도 거칠게 대하고 나도 남도 다치게 하기에 몸과 말과 뜻을 다 기울이니 울음과 피눈물이 절로 나게 하는구나. 온 중생과 함께 슬피 뉘우치고 다짐하리니 시작없는 옛날부터 지어온 나쁜 업보를 벗어나리라."

이렇게 생각함이 보리심을 일깨우는 여덟 번째 인연이다.

정토에 태어나고자 함이란 무엇인가?

"이 땅에서 하는 수행으로는 앞으로 나아가기가 어렵지만 정토에 태어나서 깨달음을 이루기란 어렵지가 않아 한 생에 큰 일을 다 마칠 수가 있구나. 어려운 수행으로는 몇 겁을 수행해도 이룰 수 없나니 너나 할 것 없이 아미타부처님께로 돌아가야겠구나. 경전마다 논장마다 돌아가라 이르셨으니 말세의 수행법으로는 이보다 더 뛰어난 것이 없구나.

경전에서도 작은 선근으로는 정토에 태어날 수 없다 하셨고 지은 복이 뛰어나야 정토에 이를 수 있다 하셨구나. 지은 복이 뛰어남은 아미타불을 부르는 것만한 일이 없고 선근이 많음은 보리심을 내는 것만한 일이 없구나. 서너 번 아미타불을 부르는 일 이백 년 동안 보시하는 일보다 낫고 한 번 보리심을 일으키는 일이 겁이 다하도록 수행하는 일보다 뛰어나구나.

염불은 본디 부처님이 되고자 하는 일이니 보리심을 내지 않으면 염불해서 무엇하리요. 보리심을 일으킴은 본디 수행하고자 함이니 정토에 태어나지 않으면 지키기가 어렵구나. 깨달음을 이루고자 하는 마음을 씨 뿌려 염불의 쟁기로 갈아 기르면 깨달음은 절로 이루어지겠구나. 큰 소원의 배를 타고 정토 가는 바다로 들어가면 나는 서방정토에 틀림없이 가서 나겠구나."

이렇게 생각함이 보리심을 일깨우는 아홉 번째 인연이다.

바른 가르침이 길이 머물게 함이란 무엇인가.

"부처님은 다함없는 겁 동안 나 같은 중생을 위해 깨달음의 길을 닦으시면서, 하기 어려운 일을 하시고 참기 어려운 일을 참으시면서 끝내 깨달음을 이루시어 부처님이 되셨구나. 부처님이 되시고는 널리 중생을 교화하시고 열반에 드셨구나.

지금은 정법시대와 상법시대가 지나간 말법시대로, 가르침만 있을 뿐 닦는 이는 없고 그른 가르침과 바른 가르침을 잘 가릴 수 없구나. 오로지 나만을 내세우고 싸우면서 이름과 이득만을 좇는 구나. 사방을 둘러봐도 이같은 세상이니 부처님이 어떤 분인지, 가르침이나 스님을 아는 이 드물구나.

불법이 땅에 떨어짐이 이렇듯 차마 말로 할 수 없으니 생각할 때마다 뜨거운 눈물이 절로 흐르는구나. 내가 불자로서 부처님의 은혜를 갚지 못한다면, 안으로는 나에게 이익됨이 없고 밖으로는 중생에게 이익됨이 없고 살아서는 세상에 이익됨이 없고 죽어서는 후손에게 이익됨이 없겠구나. 하늘이 높다지만 나를 덮어 주지 못하고 땅이 두텁지만 나를 실어 주지 못할 것이니 천하에 크고 큰 죄인이 내가 아니고 누구리요.

이 슬픔 견딜 수 없고 이 괴로움 벗어날 길 없으니 보잘것 없는 이 몸 돌아볼 틈도 없이 크나큰 맘 일으켜 굳은 다짐 하노니 비록 기울어진 이 시대의 불법을 되돌릴 힘이 없더라도 반드시 다음 세상에는 정법을 세우리라. 착한 벗들과 함께 부처님 도량에 들어가 내 죄를 드러내 뉘우치고 법회를 열어서 마흔여덟 가지 원을 세우리라.

원마다 중생을 건져낼 원이니 백천 겁을 기약하는 깊고 깊은 마음이고, 마음마다 부처님을 이루는 마음이니 이 몸 죽어 정토로 돌아가 구품(九品)의 끝까지 이르러 다시 사바세계로 돌아오리라. 돌아와서 부처님 세상을 다시 빛내고 거룩한 가르침을 다시 밝히고 승가의 바다를 다시 밝히리라. 중생은 가르침

속에 편안하고 세상의 행복은 길어지고 바른 가르침은 길이 머물도록 하리라."

이와 같이 생각함이 보리심을 일깨우는 열 번째 인연이다.

이 열 가지 인연을 잘 갈무리해 지니면 또렷한 의식과 편안한 몸을 받을 것이고 믿음이 깨끗하여 수행에 걸림이 없을 것이다. 우리들은 출가하여 계를 받고 좋은 도량을 만나 바른 가르침을 공부하면서 부처님 사리에 예배하고 착한 벗들을 만났고 이 밖에도 여러 가지 인연을 갖췄으니 오늘 이 자리에서 보리심을 내지 않으면 다시 어느 날 보리심을 낼 수 있을 것인가.

오직 바라노니 이 자리에 모인 대중들은 내 마음과 내 뜻을 어여삐 여겨 함께 원을 세우고 함께 보리심를 내어 보자. 보리심을 아직 내지 못한 이들은 오늘 내고 벌써 낸 이들은 더 크게 하고 큰 보리심을 지닌 이들은 한결같이 자라나도록 하자. 어렵다고 물러서지 말고 쉽다고 제멋대로 하지 말고 서둘다가 그만두지 말고 게을러서 힘없이 하지 말고 넘어져 주저앉지 말고 그럭저럭 기대만으로 살지 말고 멍하니 헛보내지 말고 스스로를 못났다고 여기지 말자.

이 일은 나무 심는 일과 같아서 심은 지 오래 되면 뿌리가 튼튼해짐과 같고, 이 일은 칼을 가는 일과 같아서 갈고 또 갈면 날카로워짐과 같다. 그러니 어떻게 뿌리가 여리다고 심지 않고 말라죽게 할 것이고, 어떻게 칼날이 무디다고 갈지 않고 그냥 버려둘 것인가.

수행의 힘듦만 알고 게으름의 괴로움은 모르니 수행의 힘듦은 잠깐이지만 그 즐거움은 영원하고, 게으르면 한 생은 편안하지만 수많은 생을 괴로움 속에서 보내야 한다.

정토수행은 바다를 건너는 큰 배와 같으니 이 수행을 하면 물러설 걱정이 없고 이 수행을 하면 반드시 윤회없는 정토에 태어난다는 믿음으로 힘을 삼으니 어렵고 힘들 일이 없다. 지옥중생 가운데도 지난 겁에 보리심을 냈던 이가 있다고 한다. 사람이 된 지금 큰 원을 세우지 않는다면 부처님 제자라 할 수 있겠는가.

시작 없는 이 어리석은 삶은 지난 날이야 어쩔 수 없다지만 이제는 그것을 깨달아 오는 삶을 바꿀 수 있다. 어리석은 삶을 살면서도 그것을 깨닫지 못한다면 참으로 가엾고 슬프기 짝이 없는 일이다. 더구나 이런 이치를 알면서도 수행하지 않는다면 더욱 가슴 아플 일이다.

지옥의 괴로움을 두려워하면 정진할 마음이 절로 일어나고 머지않아 찾아올 죽음을 생각하면 게으른 생각이 일어나지 않을 것이다. 가르침으로 채찍을 삼고 벗들과 손을 맞잡고 잠깐도 놓지 않고 죽을 때까지 나아간다면 물러나거나 잃어 버릴 걱정이 없을 것이다.

한 생각뿐이라고 가볍게 말하지 말고, 빈 바람이라 이익됨이 없다 하지 마라. 마음이 참되면 하는 일도 실답고 원이 드넓으면 수행도 깊어지니, 큰 것은 허공이 아니라 마음이고 굳센 것은 금강석이 아니라 바람의 힘인 것이다.

내 말을 쓸데없이 여기지 않는 이라는 다 보리심의 식구이니 이제 한 식구가 되어 죽기를 작정하고 정토수행을 하자. 서로 손 잡고 함께 정토에 태어나 함께 아미타부처님을 뵙고 함께 중생을 건져서 함께 부처님이 되어 보자.

스님은 또 세상사람들을 깨우치는 글을 지어 이렇게 노래했다.

끝없는 밤 꿈나라여
누가 깨어 있는가
꿈속 즐거움 그리워
깨어나자 또 꾸는
이런 꿈 저런 꿈
잘못된 첫걸음은
갈수록 어긋나
마구니 곁만 맴도니
꿈속의 삶이여
괴로움에서 괴로움으로
끝도 없이 흐르는가
돌아가자 고향 땅
깨어나기만 그리세
꿈이 없는 고향 땅
깨어나기만 그리세
홀연히 열린 마음
연꽃 정토 피어나고

홀연히 열린 마음
아미타불뿐이시네

　스님은 열 해가 넘는 동안 영복사(永福寺), 보경사(普慶寺),
해운사(海雲寺), 아육왕사(阿育王寺), 선림사(仙林寺) 같은
절에 머물면서 사람마다 근기에 따라 가르침을 펼치니 천하의
백성들이 우러러 귀의했다. 뒷날 스님은 이윽고 바깥 인연을
모두 끊어 버리고 정토모임을 만들어 오로지 정토수행에 온 힘
을 기울이니 사람들마다 '다시 오신 영명스님'이라고 불렀다.
　스님은 죽음을 각오하고 수행하리라는 글을 써 함께 수행하
는 대중에게 밝히고 하루를 스무 마디로 나누어 하루하루 수행
했으니 스물에 열은 아미타불을 부르고 아홉은 아미타불을 관
(觀)하고 하나는 예배하고 참회했다.
　옹정(雍正) 10년(1732) 섣달 초파일, 스님은 제자들에게
"오는 해 사월에 이 세상을 떠나리라." 하시고 토굴에 들어가
문을 걸어 잠그고 밤낮없이 아미타불만을 염송했다.
　이듬해인 서기 1733년 4월 열하룻날, 스님은 대중을 모아놓
고 "나는 초하룻날부터 정토의 세 성현을 뵈었다. 이제 성현들
을 따라 정토로 가리라." 하고 글을 지어 이렇게 노래하셨다.

연꽃 속에 눈을 뜨고 부처님을 뵈리라
부처님의 웃음 빛이 연꽃 밝혀 주리라
이 마음 부처님 따라 정토로 돌아가니

오고감 없는 속에 이 일이 밝고 밝다

이렇게 읊으신 스님은 목욕 후 옷을 갈아입고 먹고 마시는 일을 끊고 눈을 감고 앉아 계셨다. 열나흗날 한낮, 스님의 마지막 모습을 보려는 이들이 다 모이자 서쪽을 바라보고 말없이 앉아 계시던 스님은 홀연히 두 눈을 뜨고 "이제 나는 가리라. 나고 죽는 일만큼 큰 일이 없으니 티없는 마음으로 오직 염불하라." 하고 두 손을 모으고 염불하시다 그대로 열반에 들었다. 이때 스님의 나이 마흔아홉이었다.

열 번째 스승

철오선사(1741~1810)

한 번 태어나니 결정코 정토에 태어나고
한 번 죽으니 죽음 또한 없네.
정토에 태어남은 없되 있는 일이요,
죽음 또한 없음은 있되 없는 일이니
어느 쪽 어느 켠에도
치우침 없게 하게나.

정토종의 열 번째 조사는 제성(際腥 : 1741~1810)스님으로 자는 철오(徹悟), 호는 몽동(夢東), 성은 마(馬)씨다. 하북(河北) 땅 풍윤(豊潤)에서 태어났다. 어려서부터 두루 학문을 닦아 유교의 여러 경전과 역사에 정통했다.

　　스님은 큰 병을 앓고 난 후 삶의 덧없음을 느껴 하북 땅 삼성암(三聖庵)의 영지(榮池)화상을 찾아가 출가했으니 나이 스물두 살 때의 일이었다. 이듬해에 비구계를 받은 뒤 향계사(香界寺)의 융일(隆一)화상, 증수사(增壽寺)의 혜안(慧岸)화상, 심화사(心華寺)의 편공(遍空)화상을 찾아가 뵙고 원각(圓覺), 법화, 능엄, 금강(金剛), 유식 같은 여러 경전을 깊이 공부했다. 또 광통사(廣通寺)의 수여(粹如)선사 밑에서 참구(參究)한 끝에 마음의 눈이 열려 선사의 선법을 이었으니 선사가 만수사(萬壽寺)로 자리를 옮기자 광통사의 방장 자리를 이어받았다.

　　스님은 시간 있을 때마다 후학들에게 선풍(禪風)을 크게 일으키라 당부했고 또 말씀하시기를 "영명연수선사는 선문의 큰 스승이면서도 정토에 마음을 두어 극락세계에 태어나셨으니 이 시대의 말법중생인 우리들이야 더 말해 무엇하랴." 했다. 이는 선종의 가르침을 어기지 않으면서 정토의 가르침도 높이 받드신 스님의 수행모습이기도 하다.

서기 1800년, 각생사(覺生寺)를 거쳐 요령(遼寧) 땅에 있는 홍라산(紅螺山) 자복사(資福寺)의 방장으로 머무시니 스님을 사모하는 천하의 스님들이 다투어 달려와 가르침을 따랐다.

스님은 부처님의 가르침과 중생을 위해 법을 펴되 처음부터 끝까지 선종의 안목을 들어 보고 정토의 깃발을 높이 세우는 데 있는 힘을 다했다.

늘 선종과 정토종의 성인들이 중생의 괴로움을 떨쳐 주시고 기쁨을 안겨 주신 은혜를 말씀하시며 어느 때는 눈물을 흘리며 크게 우는지라 듣는 대중 또한 눈물을 참지 못해 속옷까지 적신 때가 많았다.

가경(嘉慶) 15년(1810) 2월, 스님은 갈 때가 되었음을 아시고 절을 도와 주던 이들에게 인사하고 당부하셨다.

"허깨비 같은 인연은 오래 가지 못 하니 한 세상 헛보내면 딱하기 짝이 없다. 저마다 힘써 염불하여 다음날 정토에서 웃으며 만나세."

열반에 들기 보름 전, 가볍게 앓던 스님이 대중과 함께 아미타불을 부르시니 수없이 많은 광명의 깃발이 서쪽 하늘에 나타났다. 그러자 스님은 말씀하셨다.

"정토의 모습이 나타났구나. 나는 머지않아 저 정토로 가련다."

섣달 열이렛날 늦은 밤, 스님은 대중을 불러 말씀하셨다.

"지난 밤 문수, 관음, 대세지 세 성현을 뵈었는데 오늘 밤 부처님께서 머리를 만져 주시며 앞으로 이끄시니 나는 이제 정토로 가련다."

대중이 아미타불을 부름에 곧 합장하고 서쪽을 향해 앉아 먼 곳을 바라보며 말씀하셨다.

"염불 한 마디마다 부처님이 뚜렷하시구나."

말씀을 마친 스님이 편안히 열반에 드니 방 안에는 이상한 향기가 가득했다.

그 뒤 이레 동안을 그대로 모셔 두었는데 얼굴 모습이 살아 계실 때와 같이 자비스럽고 팽팽했고, 하얀 머리칼이 검은 빛이 되니 뵙는 이마다 감복하지 않은 이가 없었다. 다비를 모시니 맑고 영롱한 사리가 백 개 남짓 나왔다.

쓰신 책으로는 《염불가타(念佛伽陀)》 한 권과 《어록(語錄)》 두 권이 있는데 모두 정토수행으로 이끄는 주옥 같은 법문을 담았다. 스님이 하신 법문은 양자강 남쪽의 강남 땅에도 전해져 승속을 가리지 않고 나투어 보고 지니니 이는 저 영명, 실현 두 조사께서 열반에 드신 뒤로 처음 있는 일이었다. 스님의 법문 가운데 참으로 깨달음의 젖줄이 될 만한 말씀을 몇 마디만 가려서 다시 보기로 하자.

어느 날 스님은 자리에 모인 여러 대중들에게 말씀하셨다.

"지금 이렇게 저렇게 생각하는 이 마음은 참 성품을 여의지 않고 일어난 허망한 마음이자, 참 성품 그대로인 허망한 마음이지요. 그런지라 한결같이 참되지만 이 참됨마저 고집하지 않고 한결같이 인연을 따라 흘러가고 있습니다.

그러기에 모름지기 부처님 나라의 인연을 따라 부처님 나라를 생각하지 않으면 지옥, 굶은 귀신, 짐승, 아수라, 하늘, 성문, 연각, 보살의 아홉 세계 가운데 어느 한 곳에 태어나게 됩니다. 마찬가지로 성문, 연각, 보살의 삼승(三乘)을 생각하지 않으면 여섯 가지 세계 가운데 어느 한 곳으로 떨어지고, 하늘이나 사람을 생각하지 않으면 지옥, 굶은 귀신, 짐승의 세계인 삼악도(三惡道) 가운데 어느 한 곳으로 떨어지게 됩니다.

생각에 따라 저 아홉 세계가 벌어지는 까닭은 무엇입니까? 생각이 열려 있지 않고 막혀 있기 때문이지요. 막힌 마음은 유심(有心)이라 하고 열린 마음은 무심(無心)이라 합니다. 열린 마음은 마음의 본디 그러한 모습으로 오로지 부처님만이 안팎으로 이 마음을 걸림없이 쓰십니다. 경전에 보면 등각(等覺)의 지위에 이른 큰 성인이라도 깊은 마음 구석에는 막힌 마음의 기운이 흐르고 있다고 말씀하셨지요.

이렇듯 일어난 한 생각은 어김없이 열 세계 가운데 어느 한 곳으로 떨어지게 되어 있으니, 저 열 세계란 마음 바깥에 따로 있는 세계가 아니지요. 이 마음을 텅 비우되 미움에도 끄달리지 않으면 평등한 지혜와 따뜻한 자비가 번뇌 없는 몸과 나라와 더불어 하나가 될 것입니다. 한 번 부처님을 부름에 곧 부처님 나라로 들어가니 이밖의 아홉 세계도 미루어 알 만한 일이지요. 일어난 한 생각이 태어날 인연이 되니 늘 정신차려 지금 일어나고 있는 생각을 밝게 비춰봐야 합니다."

"참으로 나고 죽는 삶을 벗어 던져 버리려면 보리심을 척 드러내어 깊은 수행과 바람으로 아미타부처님을 불러야 하니 이 것이 바로 염불수행의 고갱이라 할 수 있습니다. 아득한 옛날 일곱 부처님께서 오셨다 가시는 동안을 개미로 지내던 한 중생 이 팔만 겁이 지난 지금에도 개미 몸을 벗어나지 못하고 있으 니 질기고 질긴 저 나고 죽음의 그물을 어느 날에나 벗어날 수 있겠습니까?

나고 죽음의 아픔을 여의려면 먼저 그 아픔과 괴로움이 온 가슴에 사무쳐 끓어 올라야 합니다. 나나 중생이나 그 신령스 러운 성품이 부처님과 한 가지이기는 털끝만큼도 다르지 않건 만 정작 부처님의 몸을 이루기란 어렵고 또 어려우니 오로지 크나큰 마음을 밑뿌리로부터 일으켜야 저 부처님의 핏줄이 온 몸에 터지고 온 법계에 열리게 됩니다.

염불이란 마치 바둑 두는 일과도 같지요. 바둑 길을 밝게 알 면 알알이 두어야 할 곳에 두어서 판이 끝나면 이기고 짐을 환 히 알 수 있습니다. 서원은 바둑판과 같고 수행은 바둑알과 같 으니 이 두 가지를 함께 갖춰 나가야 부처님이 되는 인연과 하 나가 될 수 있습니다. 이렇게 하여 인연과 서로 씨앗이 되어 묘 한 정토세계를 이루게 됩니다.

이렇듯 생각과 행동과 서원이 한 덩어리를 이루어 한바탕 아 미타불을 부르는 염불이야말로 열 배 천 배 나아가, 헤아릴 수 없이 크나큰 힘이 아미타불 이 네 자 속에 서리게 됩니다. 아미 타불 이 한 마디야말로 참으로 살아있는 사자후(獅子吼)지요."

스님은 또 이렇게 말씀하셨다.

"마음은 업을 바꾸고 업은 마음을 이끕니다. 마음이 빛을 뿜어내면 온갖 어둠은 절로 사라지지요. 오는 과보란 지금 마주치는 이 경계 속에서 이루어지니 어찌 본디부터 어리석은 근기가 있다고 하겠습니까. 걸음걸음마다 서로를 이끌어 나무람이 없는 법계를 이루고 태어남이 없는 염불로 염불 아닌 염불을 이루어 정토에 태어납니다.

그러므로 염불수행은 큰소리로 하거나 작은 소리로 하는 데 있지 않습니다. 오로지 뛰어난 마음 하나만 일어나면 다른 인연들은 절로 따라오게 되어 있지요. 이와 같이 정토에 태어나는 힘은 다른 데 있지 않고 내게 있는 것이니 한눈 팔지 말고 다만 앞으로 나아가야 합니다. 염불이란 이런 것이지요."

또 스님은 이렇게 말씀하셨다.

"삶의 기운을 살펴보면 그 바탕에 두 갈래 가닥이 흐르고 있습니다. 마음의 힘과 업의 힘이 그것입니다. 마음의 힘은 업을 일으키고 업의 힘은 마음을 이끌고 있지요. 그러니 마음의 힘이 밝고 크지 않으면 업의 힘이 어느 세월에 수그러들겠습니까?

이 마음과 서쪽 땅이란 바로 둘이 아닌 법문이니 목숨 걸고 마음으로 돌아가면 업의 힘이 홀연히 뒤바뀌게 될 것입니다. 기울어진 담벽이나 나무는 무거운 쪽으로 넘어지기 마련인 것처럼 말이지요. 마음과 업의 세계로 왔다갔다 한다면 삶은 언제나 혼란 속에 빠지고 말 것입니다. 참으로 두려운 일이지요.

참으로 정토수행을 닦는 이는 부처님이 오시면 부처님을 베고 마구니가 오면 마구니를 베어 버리니, 이런 사람의 눈을 부시게 하는 것은 오직 '아미타불'이 네 자뿐 다시 무엇이 더 있겠습니까. 진짜 부처님이 몸을 나투셔도 허공의 묘한 그림자일 뿐이고 물 속의 달과 같은 도량도 한낱 물건에 지나지 않는 것이지요. 사바세계와 극락정토란 저 마음과 둘이 아닙니다."

스님은 또 이렇게 말씀하셨다.

"칠지(七地)에 이르기 전에는 꿈속에서 수행하는 것과 같고 어리석음을 깨뜨리지 못하면 잠 속에서 부처님을 모시는 것과 같지요. 그러므로 수행하는 이라면 지금 '아미타불'하고 염불하는 이 생각의 뿌리가 어디에 있는지 밝게 살펴봐야 합니다. 염불수행을 하는 데에도 네 가지가 있습니다.

첫번째는 꿈속에서 꿈속으로 헤매는 염불이니 정토에 태어나기를 발원하지 않는 이의 염불을 말합니다.

두 번째는 꿈을 깨고 깨달음에 드는 염불이니 마음의 뿌리를 밝혀 정토에 태어난 이의 염불을 말합니다.

세 번째는 깨달음 속에서 꿈처럼 하는 염불이니 중생들이 온 마음으로 염불해서 저마다 저만큼의 삼매를 얻어서 깊이 깨달은 이들의 염불을 말합니다.

네 번째는 깨달음도 꿈도 없는 염불이니 부처님을 생각하되 생각하는 모습도 없는 이들의 염불을 말합니다.

스님은 또 이렇게 말씀하셨다.

"태(泰) 수좌(首座)는 석상(石霜)스님의 뜻을 밝히지 못해 비록 앉은 채로 숨을 거두었으나 깨달음에는 이르지 못했지요.

정토의 가르침은 저렇듯 어렵지 않지만 그렇다고 결코 가볍게 여기면 안 됩니다. 왜 그렇습니까? 정토의 가르침은 그 걸음 걸음이 정토에 이르게 하는 사다리고 손을 이끌어, 끝내 정토에 들게 하는 길이기 때문입니다. 가르침이 쉽다고 해서 물리치지 마십시오. 그러면 큰 코 다칩니다."

스님은 또 이렇게 말씀하셨다.

"한 번 태어나니 반드시 정토에 태어나고 한 번 죽으니 죽음 또한 없습니다. 정토에 태어남은 없되 있는 일이요, 죽음 또한 없음은 있되 없는 일이니 어느 쪽 어느 켠에도 치우침이 없게 하십시오."

현장玄藏 스님

1975년 송광사에서 九山스님을 은사로 득도
1982년 해인사 승가대학 졸업
　　　　월간 "海印" 창간 및 편집장 역임.
1984년 월간 "불일회보" 불일출판사 편집장
1989년 태안사 선원에서 수선 안거
1991년 대원사 주지 취임
2001년 대원사 티벳박물관 설립개관
2003년 생명나눔실천 광주전남본부장
2006년 광주아시아문화교류재단 설립
현재　대원사티벳박물관장
　　　　대원사염불만일회 회주
　　　　(사)자비신행회 회주
　　　　(재)아시아문화교류재단 이사장
저서　나를보게하소서(민족사)
　　　　죽음을 준비합시다(우리출판사)

이 책은 1999년 우리출판사에서 『죽음을 준비합시다』라는 제목으로 펴낸 책입니다.
이번에 연지문 출판사에서 『바르도의 가르침』으로 제목을 바꾸어 다시 펴냅니다.

바르도의 가르침

1999년 7월 23일　초판1쇄 발행
2007년 9월 27일　초판4쇄 발행
2014년 3월 14일　개정판 발행

펴낸이 · 김재우 ㅣ 엮은이 · 현장(玄藏)
펴낸곳 · 도서출판 연지문
주소 · 전남 보성군 문덕면 죽산길 506-8 ☎ 061.852.3038
대원사 티벳박물관 www.tibetan-museum.org

출판등록 ㅣ 등록번호 제15-18-1호 (1996.4.27)

값 12,000원 〈법공양은 특별할인해 드립니다〉